関所で読みとく日本史

Kawai Atsushi
河合 敦

KAWADE夢新書

古代〜幕末まで存続した「関所」から日本史を通観する――はじめに

時代小説や時代劇に登場する関所。しかし私たちは、その実相をよく知らないばかりか、誤ったイメージを持っているのではないか。日本の関所制度は明治二（一八六九）年に正式に廃止されたが、少なくとも一二〇〇年以上にわたって続いた。本書は、その関所にまつわる謎や真相を紐解きながら、関所が日本史に与えた影響を見ていくものである。

古代の関所は、大きな街道に設置され、通行許可証を持たない者を通さず、怪しい人間の出入りを入念にチェックした。こうした警察的な機能に加え、国家の一大事や反乱が起こった場合、門を固く閉ざして軍隊の通過を防ぐ防衛的な機能を持ち合わせていた。実際、壬申（じんしん）の乱や藤原仲麻呂（なかまろ）（恵美押勝（えみのおしかつ））の乱では、関所を巧みに制した側が勝者となっている。

中世になると、関所に新たな機能がプラスされた。道行く人びとから金銭を徴収するようになったのである。とくに室町時代には経済的な関所が各地に乱立し、都などには数百メートルごとに関が設けられたから、交通の妨（さまた）げとなり庶民を苦しめた。関所の設置権は幕府が牛耳（ぎゅうじ）るようになり、八代将軍足利義政（よしまさ）の御台所（みだいどころ）の日野富子などは、率先して関所を設置し、莫大な富を集めたといわれる。

しかしながら富子は、そうして貯めた金で、応仁の乱を決着させたのである。いったいどういうことなのか。その詳細については、本文で詳しく語ろう。

そんな交通の障害であった関所を、全国に先駆けて廃止したのは織田信長だとよくいわれる。しかし、これは大きな誤りである。信長より前に、武田信玄や北条氏康など戦国大名の多くが、領内の関所をかなり撤廃しているからだ。

とはいえ、信長が徹底して関所をつぶしていったのは事実であり、こうした政策は豊臣秀吉に踏襲されていった。

さて、関所といえば、江戸時代のそれを思い浮かべる方が多いと思う。江戸幕府を開いた徳川家康は、五街道をはじめとして交通制度を整えたが、このとき箱根や新居（今切）、碓氷や木曽福島など多くの関所が整備された。幕府が関所に期待したのは「入鉄砲出女」（江戸に入る鉄砲などの武器類と江戸から出ていく女性）の取り締まりだといわれる。

武器の規制は反乱の防止、女性の取り締まりは江戸にいる大名の妻子の逃亡を防ぐためであった。ところが幕府は、江戸に入る女性（入女）についてもチェックし、女性の移動を厳しく制限したのである。いったいなぜか。その意外な真相については、ぜひ本文を読んでいただきたい。

ところでみなさんは、関所は陸の道路に設置するものと思い込んでいないだろうか。実は陸の関所に匹敵するくらい、多くの「水の関所」が存在したのである。川や海、湖を渡る場所に権力者は関所を設置し、人の出入りを管理したり、金銭を集めたりしていたのだ。そこで本書では、知られざる水の関所についても一章を設け、詳しく解説した。

このように関所を通して日本史を概観してみると、歴史の要所要所に、関所が深く関わっていることを理解してもらえると思う。また、天武天皇、日野富子、織田信長、徳川家康、松尾芭蕉、徳川吉宗、坂本龍馬など多くの偉人たちが、関所と深く関わっていたことが明らかになることだろう。

ぜひ楽しみながら本書を一読していただき、一二〇〇年の長きにわたって存続してきた関所制度について、あなたの理解をアップデートしていただければと思う。

二〇二一年一〇月　　河合　敦

関所で読みとく日本史　もくじ

一章　古代の関所から日本史を読みとく

壬申の乱を制した大海人皇子。勝因は「三関」にあった！

二章 中世の関所から日本史を読みとく
日野富子は「関銭」などの富で応仁の乱を収拾した!

三章 鉄砲、女、手負いの者…はどんな「関所手形」で通過したか

近世の関所から日本史を読みとく

四章 海・川の関所から日本史を読みとく
幕末の箱館は、外国の攻撃に耐えうる港かつ関所だった！

装幀＊こやまたかこ
地図版作成＊原田弘和

一章

古代の関所から日本史を読みとく

壬申の乱を制した大海人皇子。勝因は「三関」にあった！

日本史上、最初の関所を設けたのは誰か

◉神功皇后が造らせたという「和気関」

道を塞いで敵の侵入を防ぐ、通過するものを監視する施設を関所というのなら、間違いなく、戦争が常態化した弥生時代には存在したはずだ。

だが、初めて日本（邪馬台国）のことを詳細に記録した『魏志倭人伝』には、そうした記録は登場しない。ただ、戦争があること、女王卑弥呼の宮殿が兵で厳重に守られていること、道で貴人にすれ違う際に庶民が端に飛び退き平伏することなどが記されている。つまり、「戦い」「兵」「道路」という関所に大いに関係のありそうな話は出てくるのだが……。

では、関所に関する最古の記録はいつかということだが、大島延次郎氏（『関所　その歴史と実態』新人物往来社）によると、神功皇后の時代だという。

神功皇后は、仲哀天皇の皇后で応神天皇の母である。夫の仲哀天皇の死後、朝廷に服属しない九州の熊襲を平定し、さらに朝鮮半島に渡って新羅、百済、高句麗を平らげ（三韓征伐）、長年摂政として君臨したスゴイ人物である。

さて、朝鮮半島を平定して九州に戻った神功皇后は、その地で息子（のちの応神天皇）

を産み、海路、都へ凱旋しようとした。だが、皇后に権力を奪われまいとする仲哀天皇の息子である忍熊皇子（母は大中姫）が、仲哀天皇の陵墓を造るふりをして多数の軍勢を集め、待ち構えていたのである。

これを知ると皇后は、弟彦王に命じて播磨と吉備の境に関所を設置させた。これを「和気関」と呼び、先の大島氏は、これが最古の関所だと主張している。

なお、この戦いで神功皇后は、武内宿禰と武振熊を大将として軍勢を派遣する。宿禰は、兵たちに命じて髪の中に武器を隠させ、降伏するふりをして忍熊皇子を油断させると、いきなり襲撃したのである。

驚いた忍熊軍が退却すると、これを武内宿禰が激しく追撃した。忍熊皇子は、近江国の逢坂にとどまって迎撃するも、敗れて狭狭浪の栗林まで追い詰められる。最後は船に乗り、海に飛び込んで死んだという。

◉近江の逢坂は古代から重要な地だった

この話は「記紀」に詳しく載るが、逢坂の地は、のちに東海道、東山道、北陸道が交錯する交通の要衝地となり、大きな関所がおかれることになる。非常に重要なので「三関（「さんかん」とも。「三古関」）」とされるようになった。

三関についてはのちに詳しく述べるが、忍熊皇子がここを防御拠点にしようとしたのは、やはり当時から、逢坂を塞げば敵を食い止められると判断できるだけの地理的利点があったからだろう。

ただ、残念ながらこの話が史実かどうかわからない。そもそも、神功皇后の活躍時期が特定できないうえ、実在も怪しいといわれている。そんなわけで、最古とされる和気関の設置もいつのことだかわからないのだ。

なお、一一世紀に成立した『類従三代格』（平安初期までの律令の修正・補足集）には、承和二（八三五）年、「陸奥国（東北地方）の白河と菊多に関所をおいてから四〇〇年余りになる」という記載があり、これが、記録に残る最古の関所といえるかもしれない。時期は五世紀前半のことだ。ただ、残念ながら、関所の具体的な位置は明記されていない。

大化の改新後の「改新の詔」で明文化された関所の設置

◉「改新の詔」に記された「関塞」の文字

弥生時代から関所は存在したはずだが、法的に関所が整備されたのは、『日本書紀』によれば、大化の改新のときのことだとされている。

六四五年、蘇我蝦夷・入鹿父子が中大兄皇子や中臣鎌足によって滅ぼされた。この事件を乙巳の変と呼ぶが、この政変により、皇極天皇（中大兄の実母）に代わって軽皇子（皇極の弟）が孝徳天皇として即位し、朝廷の人事も一新された。宮も飛鳥から摂津国の難波長柄豊碕宮（大阪市中央区）へ遷され、六四六年正月元旦、孝徳天皇は改新の詔を発した。以後、数年間にわたる政治改革を大化の改新と呼ぶ。

『日本書紀』に掲載されている改新の詔は、大きく四か条ある。そこには、①私有地と私有民を廃止して公地公民制へ移行すること、②国・郡・里といった行政区画や交通制度を定めて地方官を任命すること、③戸籍や計帳を作成し班田収授法を実施すること、④統一的税制度を施行することなどが明記されている。おそらくみなさんも、昔学校で習ったと思う。

そのうち、二つめは次のような原文である。わかりやすく書き下してみよう。

「其の二に曰く、初めて京師を修め（都城の制を定め）、畿内国の司・郡司・関塞・斥候・防人・駅馬・伝馬をおき、及び鈴契を造り、山河を定めよ」

このなかの「関塞」が関所のことだと考えられている。ただ、大化の改新時に、果たして関所を含む交通制度がしっかり整備されていたかどうかは、少々疑問である。

なぜなら、改新の詔が掲載されている『日本書紀』は、奈良時代の七二〇年に成立した国史であり、すでに成立していた大宝律令（七〇一年）や養老律令（七一八年）などをもとに、改新の詔の内容はかなり潤色されていると考えられているからだ。

◉現代にも残る、古代の交通制度

なお、せっかくなので、大宝律令に規定されている古代の交通制度を記しておこう。これから述べる古代の関所を理解するには、前提として知っておいていただきたいからだ。

まず大宝律令では、日本全国を「畿内七道」という八つの地域に大きく区画した。具体的には都周辺を「畿内」、そのほかは「七道」とした。さらに全国を六〇以上の国に分けた。ざっくりいうと、国はいまの都道府県にあたる。たとえば畿内は、大和・山背（のち山城）・河内・摂津の四国で構成された。のちに河内から和泉が分立して五国となり、「五畿」とも呼ばれるようになる。

なお、七道とは、東山道・東海道・北陸道・山陽道・山陰道・南海道・西海道。いまでも東海、北陸、山陽、山陰は「〜地方」という呼び名で残っている。

さて、ここからがちょっとだけややこしい。東山道、東海道、北陸道など七道は、行政

古代の行政区分

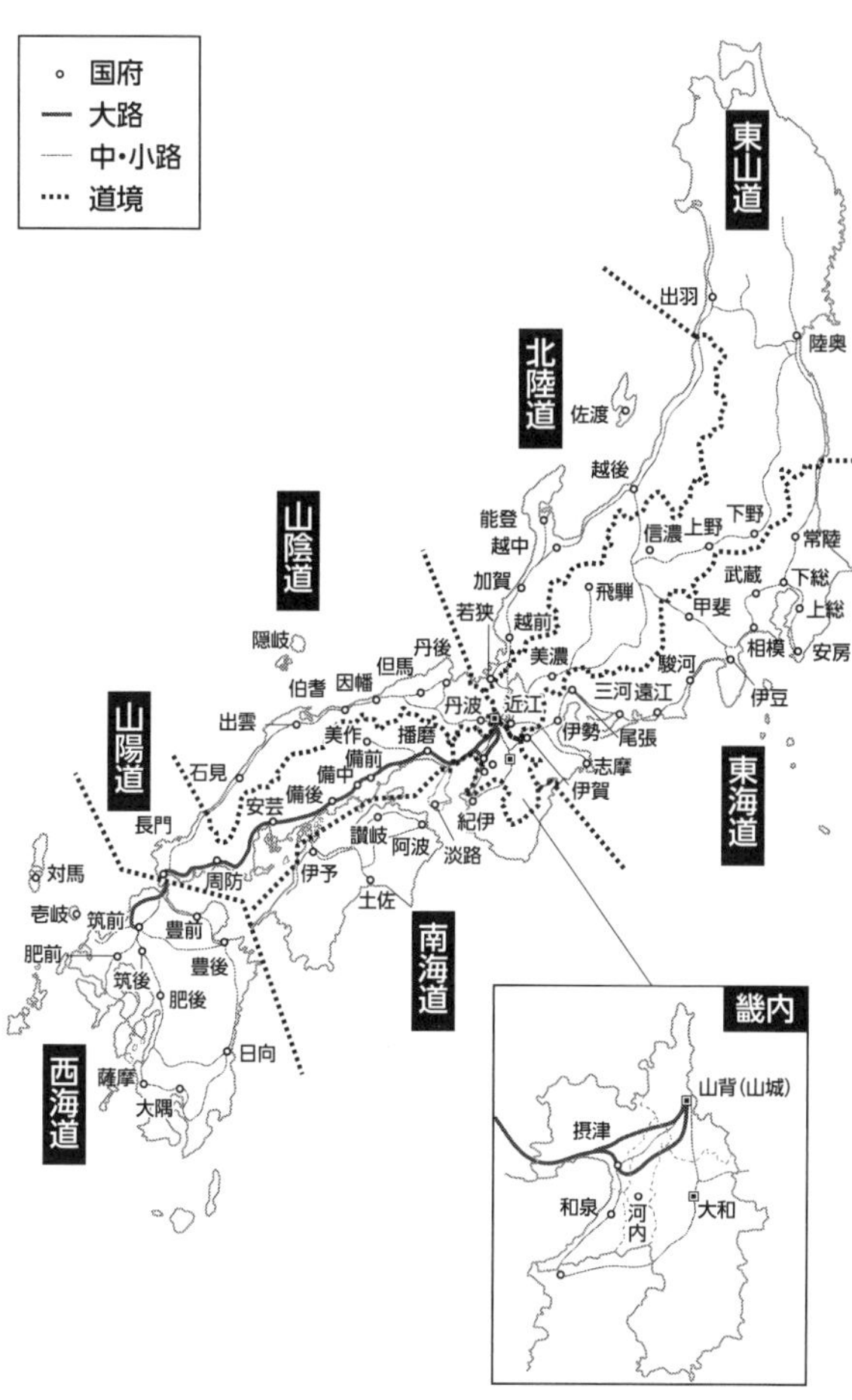
国府
大路
中・小路
道境
東山道
北陸道
山陰道
山陽道
東海道
南海道
西海道
畿内
出羽
陸奥
佐渡
越後
能登
越中
加賀
信濃
上野
下野
常陸
武蔵
下総
上総
安房
相模
甲斐
飛騨
若狭
越前
美濃
駿河
伊豆
三河
遠江
尾張
伊勢
志摩
伊賀
近江
丹後
但馬
丹波
隠岐
伯耆
因幡
出雲
美作
播磨
備前
備中
備後
石見
安芸
長門
周防
紀伊
讃岐
阿波
淡路
伊予
土佐
対馬
壱岐
筑前
豊前
肥前
豊後
筑後
肥後
日向
薩摩
大隅
山背(山城)
摂津
和泉
河内
大和

区域であるとともに道路の名称でもあるのだ。

たとえば、東海道という地域には東海道という大きな道路が、東海道地域すべての「国府」を通って都（平城京）まで続いているのである。国府とは、各国の国司が政治をとる国庁（施設）がおかれた場所をさす。これもアバウトな表現だが、たとえば都知事が政務をとる都庁のある新宿が、いわゆる国府にあたると考えてよいだろう。

この各国府を通過する大きな道のことを「官道（駅路）」と呼ぶ。つまり、都を中心にして、七道（七つの官道）が諸地域へのびているわけだ。

そんな官道には、約三〇里（16キロ）ごとに「駅家（うまやとも）」がおかれた。ここには、一定数の「駅馬」と駅務をおこなう「駅戸」が配置されており、これを「駅長」が統括している。

朝廷の使節や緊急連絡の際に、役人が「駅鈴」という鈴を駅家の役人に提示し、公用で駅家にいる人馬を利用するのだ。このシステムを「駅制」という。

さて、そんな東海・東山・北陸三道に関所がおかれたのである。それが鈴鹿・不破・愛発の関で、あわせて「三関」と呼ぶ。国家にとってもっとも重要な関所で、この三道を通って上京する人びとの監視や内乱にそなえたのだ。

不破関を味方につけ、壬申の乱の勝者となった大海人皇子

◉白村江での敗戦が「三関」を造らせた?

壬申の乱（六七二年）は、古代における最大の内乱である。

乱の原因は、天智天皇（中大兄皇子）の政策の失敗にあった。唐に滅ぼされた百済の旧臣たちが救援を求めてきたとき、中大兄皇子は大軍を渡海させたが、天智二（六六三）年、日本軍は朝鮮南部の白村江で唐・新羅の連合軍に大敗（白村江の戦い）を喫してしまう。

この敗戦にショックを受けた中大兄皇子は、近く唐の大軍が日本に攻めてくると恐れを抱き、九州の大宰府を守るために水城や大野城、基肄城を築き、瀬戸内海沿岸に多くの山城や烽（烽火）を設け、九州に防人（兵）を配置した。

さらに敵に強襲された場合、琵琶湖をへて遠くへ逃げられると思ったのか、天智六（六六七）年、宮を大和国飛鳥から近江国大津へと遷した。

どうやらこの際、国内の関所も整備されたらしい。研究者の佐々木虔一氏は「古代の中央政府による関は、天智二（六六三）年の白村江の敗戦にともなう国内防衛策の一環として官道・駅家・烽家・山城などとともに建設が進められた」（『日本古代の道路と景観―駅

家・官衙・寺』八木書店　所収）と述べている。

前項で私は、関所は改新の詔を機に整備されたという『日本書紀』の記述を紹介したが、佐々木氏は、史実としての古代の交通システムは、関所も含めてこの時期に造られたというのである。鈴鹿・不破・愛発の三関も、おそらく大津宮を守るために近江国境にしっかり設置されたのであろう。

いずれにしても、白村江での敗戦に加えて、こうした国防体制の急激な整備は、民や豪族にとってたいへんな負担になったと思われる。

◉天智天皇VS大海人皇子

遷都の翌年（六六八年）、中大兄皇子は即位して天智天皇となるが、皇太子には弟の大海人皇子がついた。大海人は天智の同母弟である。当時、同じ母から生まれた弟がいる場合、兄は弟に皇位を譲るのが慣例だった。

ところが天智は、まだ二十代前半だった第一皇子・大友皇子を偏愛し、彼を後継者にしたいと考えるようになる。それはこれまでの慣例を破る行為であるうえ、大友の母は皇族ではなく身分の低い女性だった。

そんななか、天智天皇は大友皇子を太政大臣（最高の役職）にすえ、政治の中枢におく。

天智一〇（六七一）年正月のことである。これは密かに豪族たちの反感を買ったはずだ。

同年八月、天智天皇は重い病にかかる。天智はこのとき、枕元に大海人皇子を招き、「おまえに後事を託したい」と告げている。これに身の危険を感じた大海人は、あえて固辞して剃髪すると、妻の鸕野讃良（のちの持統天皇）と少人数の舎人（部下）を連れて大津宮を出て、大和国吉野の地へと隠棲してしまった。

同年一二月、天智天皇が崩御する。その半年後、大海人皇子は吉野から離脱した。大友皇子の近江朝廷が美濃と尾張の国司に命じ、故・天智天皇の山陵を造ると称して兵を集めていることを知ったからだ。しかも、吉野近辺を監視しているというではないか。

このままでは殺される――。そう思った大海人は、吉野を脱し、東国で兵を集めて大友皇子と対決することを決意したのである。

六月二二日、大海人は自らの領地であった美濃国安八磨へ使者を向かわせて兵を募り、さらに「不破道を塞げ」と命じた。不破道とは、のちの東山道（官道）のことである。この大きな街道を塞げということは、おそらく「道を通過できぬよう、関所を制圧しろ」という意味ではなかろうか。

つまりここで、三関の一つ、不破関が重要なキーワードとして登場してくるわけだ。

なぜ不破関を押さえたのか。それは、不破道を塞いでしまえば、大友皇子ら近江朝はそれ以上先へ進めず、東国で兵を集められなくなるからだ。逆に大海人たちは東国の強兵を味方にすることができる。まさに、関所を制圧できるかどうかが戦いを左右するわけだ。

◉鈴鹿関も手中におさめ、大友皇子を追い詰める

この二日後の二四日、大海人皇子は后の鸕野讃良や草壁皇子ら一族を連れ、吉野を脱して東国を目指した。大津宮から逃れた高市皇子（大海人の長子）も途中でうまく合流する。

翌日の夜、鈴鹿関司の使いが、三重の郡家にいた大海人一行のもとにやって来た。そして「山部王と石川王らが服属したいと申してきたので、関所にとどめてあります」と伝えてきた。そこで「こちらに合流するように」と命じたところ、翌日、この二人の皇子ではなく、大海人の息子の大津皇子が姿を見せた。どうやら鈴鹿関司が人違いをしたようだ。

鈴鹿関司とは、おそらく鈴鹿関を管理する役人の長だろう。このように大海人皇子は、不破関だけでなく、のちの東海道を押さえる鈴鹿関（近江国と伊勢国の境目に設置）も手中におさめたのだ。

やがて大海人一行は桑名に向かい、鸕野讃良や草壁皇子、大津皇子らをその地にとどめ、自分は不破に入っている。不破関がある美濃国不破郡である。このとき、一九歳の若者だ

った高市皇子が、「私が自ら大将となって兵を率いたい」と名乗り出た。そこで大海人は、高市に全指揮権を与えたのである。

この頃になると、尾張の国司が大軍を率いて大海人方に馳せ参じ、大和国では大豪族の大伴（おおとも）氏も大海人側に呼応して立ち上がり、飛鳥地方を制圧した。また、伊賀郡の郡司や伊勢の国司も味方についた。

三関と壬申の乱

いっぽうの大友皇子の近江朝は、不破関や鈴鹿関を閉ざされて東国から募兵することができなかったうえ、西国での徴募もうまくいかなかった。逆に東国の兵は続々と大海人軍に加わり、不破から高市皇子軍、飛鳥からは大伴軍が大津宮へと迫っていった。

大友皇子は、七月二二日に瀬田川で敵の主力軍を迎撃するが、大敗を喫する。翌日、大津宮が大海人軍に占領されたため、大友皇子は逃亡。しかし逃げ切れずに、山中で自殺したのである。こうして戦いは反乱軍の勝利に終わった（壬申の乱）。

大海人皇子の勝因の一つは、いち早く関所を制圧して、東国へ向かう官道を遮断したことにあるといえよう。なお、天武天皇（大海人皇子）はこの乱で関所の重要性を認識したのか、勝利から七年後、都（飛鳥浄御原宮）がある大和国と、河内国を結ぶ道が通る龍田山と大坂山に関所を設置している。

古代の関所の仕組みは、どうなっていたのか

◉面倒な手続きが必要だった、古代のパスポート「過所」

壬申の乱で見たように、古代の関所は道を塞いで敵の侵入を防ぐのが、狙いの一つだった。ただしこの乱の場合、関所を塞いだのは大友皇子の近江朝ではなく、反乱軍の大海人皇子側だったのだが……。

さらにもう一つ、関所には道行く者をそのつどチェックし、不適格な人間を先へ行かせないという機能があった。不適格者とはすなわち、通行許可証を持たない者のことだ。

では、誰が許可証を発行するのか。なぜ許可証が必要なのか。そのあたりを含めて、律令制度に規定されている関所にまつわる法令を紹介していこう。

文武（もんむ）天皇の時代に確立した大宝律令（七〇一年）によって我が国の法制度は整い、日本はいわゆる律令国家となった。さらに養老二（七一八）年には養老律令が出されている。

この大宝・養老律令で定められたといわれる関所の規則は、のちの九世紀半ばに成立した養老令の注釈書『令集解（りょうのしゅうげ）』などから、おおまかに復元することが可能である。ほとんどは、唐（中国）の仕組みをまねたものだと考えられている。

関所は国家の防衛上、重要な地点におかれるのが原則であった。具体的には国境が多く、関の管理は各国の国司にゆだねられた。

まず、関所を通過するためには、駅鈴や伝符などを所持した公的な使い以外、通行許可証が必要であった。これを「過所（かしょ）（過書）」と呼ぶが、それを入手するには面倒な手続きを経なければならなかった。たとえば、都（平城京）の役人が関所を通って地方へ向かう場合、まず自分がつとめる役所に過所の申請をする。するとその役所は、「京職（きょうしき）（京の司法、行政、警察などを統轄する組織）」へ過所の発行を依頼するのだ。京職は、その可否をきちんと審査したうえで、その役人に対して過所を交付した。

平城宮跡出土木簡過所
（奈良文化財研究所蔵）

・関々司前解近江国蒲生郡阿伎里人大初上阿□勝足石許田作人〔伎カ〕
・同伊刀古麻呂　大宅女右二人左京小治町大初上笠阿曾弥安戸人右二
　送行乎我都　鹿毛牡馬歳七　里長尾治都留伎

※冒頭の「関々の司の前に解す」とは「関々のお役人に申し上げます」の意。

過所には氏名、年齢、官職、目的、通過する関所名、さらに連れていく部下（資人）の名前や数、動物の種類や数・毛色、持っていく品物なども明記されていた。

いっぽう、地方の農民などが都に向かう場合は、郡司に過所の発行を依頼し、郡司が適当だと判断したら「解（上級官吏に上申する文書）」を国司に差し出す。国司はこれを審議したうえで、その農民に過所を与えるのである。庶民の過所には、位階の代わりに本貫地（本籍）が記された。とにかく面倒な手続きがあり、時間もかなり要したらしい。

なお、古代における過所の実物は、いくつか存在するが、紙ではなくすべて木簡である。

ただ、「霊亀元年（七一五）五月に過所に国印が捺されるようになり、それに伴って過所は紙であることが必須になった」（舘野和己・出田和久編『日本古代の交通・交通・情報1 制度と実態』吉川弘文館）という。ちなみに過所は必ず二通作成し、一通は役所に保管された。

◉厳重な審査は、農民の逃亡を防ぐためだった！

このようにきちんと審査したうえで過所を作成し、それを持たぬ人を関所が通過させないのは、農民の「浮浪」や「逃亡」を防ぐためであった。

口分田の耕作を放棄して本籍地から離れる農民を、浮浪や逃亡と呼んだ。逃亡先になったのは、たいていは別の地方豪族などのところだ。浮浪と逃亡の違いだが、浮浪は本籍地を離れても、逃げた先で税をおさめている者をいう。逃亡は、税を払わない。

では、なぜ農民たちは本籍地を離れてしまうのか。一言でいえば、税が重すぎるからだ。

律令では戸籍が六年ごとに作成され、これにもとづき満六歳以上の男女に口分田を与え（班田収授法）、田一段につき二束二把の稲（収穫の3％程度）を税（祖）として徴収した。

さらに男性には、絹・糸・綿・布など郷土の産物のうち一種を一定量差し出させる調、都の労役（歳役）一〇日間の代わりに布（麻布）二丈六尺（約7・9メートル）を徴収する

公民の税負担

区分		負担者		
		正丁(せいてい) (21〜60歳)	次丁(じてい)(老丁) (61〜65歳)	中男(ちゅうなん)(少丁) (17〜20歳)
租(そ)		田地にかかる租税。田1段につき2束(そく)2把(わ)の、籾(もみ)つきの穂を束ねたものを納入(収穫の3%)。		
課役	調(ちょう)	規定の分量の絹・絁(あしぎぬ)、糸、錦、布などのうち1種を納入。	正丁の1/2	正丁の1/4
課役	庸(よう) (歳役(さいえき))	京での労役年間10日に代えて布2丈6尺を納入。	正丁の1/2	——
課役	調副物(ちょうのそわつもの)	染料、胡麻油、塩、漆、麻などのうち1種を納入。	——	——
課役	雑徭(ぞうよう)	年間60日を限度とする労役。	正丁の1/2	正丁の1/4
兵役(へいえき)		正丁3人に1人を徴集。 軍団兵士:10番交替で勤務 衛士:1年間 防人:3年間	——	——
仕丁(しちょう)		50戸につき正丁2人を3年間徴発(食料は50戸で負担)。	——	——
出挙(すいこ)		国家が春に稲や粟(あわ)を貸し付け、秋の収穫時に高い利息とともに徴収する。当初は勧農救貧(かんのうきゅうひん)政策だったが、のちに強制的貸付けに変質。		
義倉(ぎそう)		備荒(びこう)貯蓄策で、親王を除く全戸が貧富に応じて粟などを納める。		

※調、庸は中央政府の財源となり、運脚(京へ運ぶ)の義務があった。

『詳説 日本史図録』(山川出版社)参照

庸があり、これらの税は農民たちがはるばる都まで運んでいった。運搬人を「運脚」というが、食糧が尽きて帰郷途中でのたれ死にする人びとも後を絶たなかった。

このほか、六〇日以下の地方での労役（国衙の雑用や国内の土木工事など）をする雑徭、春に稲（正税）や粟を無理やり貸し付けられ、秋に五割の利子をつけて返還する出挙などがあった。さらに成人男性（二一〜六〇歳）の三人のうち一人の割合で兵役が課された。こんなに税が重ければ、誰だって逃げたくなるだろう。

それを防ぐための関所だったわけだ。

◉逃亡する者が多すぎて「三関」は廃止された？

では、関所を破って逃げたらどうなるのか。むろん、処罰される。

たとえば、過所を持たずに関所を通過しようとすることを「私度」というが、三関で私度行為をおこなった場合は、徒一年（懲役一年）の刑に処せられた。ほかの関所では、二段階（二等）減ぜられた。具体的には杖（棒）で九〇回も体を叩かれるのである。

また、他人のふりをして関所を通り過ぎる行為は「冒度」といい、これも三関で発覚すれば徒一年の罰が下された。さらに、関所を通らずに裏道や抜け道から突破しようとする罪を「越度」といい、これについては私度や冒度より一段階（一等）罪を重くした。

ただ、こうした規則を設けたものの、やがて逃亡や浮浪があまりに増えてしまい、国家は本貫地に彼らを戻すことを断念する。逃げた先の戸籍に編入したり、浮浪のままで彼らを把握して税を課したりするなど対策を変えたのだ。

結果、「この浮浪・逃亡対策の変化と並行して、本貫地主義維持の装置の一つであった関の制度にも大きな変更が加えられた。延暦八年七月に三関が停止された」（前掲書）のである。

ただ、三関が廃止されたのには、もう一つ、理由があった。それについては本章の最終項で語ろう。

重要な防御施設「三関」が〝固められる〟とき

◉発掘調査でわかった「三関」の実態

何度も登場するので、読者も覚えてしまったかもしれないが、鈴鹿・不破・愛発を三関と呼び、これが、古代日本における最大で最重要の関所であった。なお、愛発の関所はのちに逢坂関にかわることになる。

不破関は、東山道が走る美濃国不破郡（現在の岐阜県関ケ原町松尾）におかれた。そう、天下分け目の関ヶ原の合戦があったところである。

戦場になったのは、ここが交通の要衝地（ここを塞げば都へのルートを一つ遮断できる）で適度な広さがあったからだろう。このあたりは江戸時代まで大関村と呼ばれており、地名として関所があった痕跡が残っていた。

不破関は、昭和四〇～五〇年代に五次にわたって関跡の発掘調査がなされていて、建物群や多くの瓦が出土している。関所の西側には藤古川（ふじこ）が流れ、そのほか三方を土塁で囲んだ形になっており、およそ一二ヘクタールの敷地を持っていたことがわかっている。東山道はその敷地の中央を通っており、通行人はここで必ず臨検を受ける仕組みになっていた。

この不破関が整備されたのは壬申の乱後のことだとされるが、関所自体はその数年前から存在した可能性が高い。別項で述べたように、おそらくは天智天皇が、近江国大津宮を防衛する必要から構築させたのではなかろうか。それは、鈴鹿関も同様だと思われる。

鈴鹿関は、東海道が走る伊勢国鈴鹿郡（現在の三重県亀山市関町）におかれた。近年、発掘調査が進みつつあり、関跡の観音山公園などから奈良時代の瓦が載った築地塀（ついじべい）なども出土した。塀は崖の上に三メートルの高さで築かれ、関所の西側に南北六五〇メートル以上にわたって続いていたと想定され、かなり頑丈な施設だったことがわかった。

そうしたこともあり、二〇二一年四月、鈴鹿関跡の一部が国の史跡に指定された。

構造の詳細までは判明していないが、先の舘野和己氏は、三関は大関と小関（剗）という複合的な施設で構成されていたと主張する。

いずれにせよ、確認できる不破関と鈴鹿関の構造を見ると、ある意味、道路を囲む城郭といってよいかもしれない。実際、三関には多くの武器が収納されて兵士たちが駐屯しており、さらには国司が交代で関所に詰めていた。国家にとっては重要な防御施設だったのである。

最後の愛発関は、北陸道が走る越前国内におかれた関所である。ところが、その場所は諸説あって、いまだ特定に至っていない。丹生郡内にあった可能性が高く、とくに現在の越前市や敦賀市が有力ながら、遺構自体がまったく発見されていないのである。

◉天皇の死や国家への反乱時に「固関」がなされた

この三関だが、国家の一大事には固く閉ざされた。関所の周囲は兵で固められ、一切の通行ができなくなる。これを「固関」と呼ぶ。

朝廷から派遣された使い（「固関使」という）が、関所を閉ざせと命じた「太政官符」を三関を守る国司に与え、関所の閉鎖を命じるのである。

この際、遣わされた固関使が本物の使いであるかどうかを確認するため、「関契（木契）」と呼ばれる割符が用いられた。その実物は、江戸時代の寛文三（一六六三）年のものしか残っていないが、これを見ると、縦が三寸（約9センチ）、横が一寸（約3センチ）の木の板に「賜美濃国」と太く墨字で書き、これを真っ二つに割ってある。

おそらく、古代も同様のものが使用されたと思われるが、関契の片方をあらかじめ三関に保管させておいて、いざ固関というとき、もう片方を固関使が持参して現地で照合したようだ。

史上初めての固関は、養老五（七二一）年一二月に元明上皇が崩御したときのこと。その後、聖武上皇、称徳上皇、光仁上皇などが崩御した際も固関使が派遣されている。やはり天皇（上皇）の死は国家に動揺をもたらし、安定が損なわれる出来事だったのだろう。

ただ、変事が起こらなければ、数日後に今度は中央から開関使が関所に派遣され、閉ざされた関所は開かれ、警備は解除された。

なお、長屋王の変（七二九年）、藤原仲麻呂（恵美押勝）の乱（七六四年）、氷上川継の乱（七八二年）など国家への反乱が起こった際にも、固関がおこなわれている。とくに藤原仲麻呂の乱においては、この固関が乱の鎮圧に大きな働きをしたので、次に詳しく紹介していこう。

反旗を翻すも、「固関」に敗れた藤原仲麻呂

◉仲麻呂、出世の階段を駆け上る

藤原仲麻呂の乱は、天平宝字八（七六四）年に起きた国家に対する反乱である。まずは、乱が起こる経緯について語っていこう。

仲麻呂は、藤原不比等の長男・武智麻呂の次男として誕生した。聡明鋭敏で、その学才は貴族界で話題になるほどだったが、出世のほうは遅かった。しかし三〇代半ばの天平一二（七四〇）年から聖武天皇や光明皇后の信頼を得て、一気に昇進していく。

天平勝宝元（七四九）年、聖武天皇は娘の阿倍内親王（のちの孝謙天皇）に譲位する。仲麻呂は光明皇太后から新帝の孝謙の補佐を任され、大納言に抜擢された。このように光明皇太后の寵愛を背景に、仲麻呂は権力をふるい始める。

天平勝宝八（七五六）年五月、聖武上皇が崩御。死去に際して聖武は、道祖王（天武天

皇の孫で新田部親王の子）を皇太子に選んだ。孝謙天皇が四〇歳近くまで独身で子がなく、さらに弟もいなかったからだ。

ところが孝謙天皇は、不行跡を理由に道祖王を廃し、舎人親王の七男で二五歳の大炊王を皇太子とする。この人物は、仲麻呂の亡き息子の妻を娶り、当時は仲麻呂と同居していた。おそらく、仲麻呂や光明皇太后の強い希望があったのだろう。

そんななか、仲麻呂を排除しようとする橘奈良麻呂らの企みが発覚した。彼らは、陸奥鎮守府将軍・大伴古麻呂を美濃国へ遣わして不破関を固め、同時に仲麻呂方の武将を招いた宴会を開かせて動きを封じ、その隙に仲麻呂の田村邸を襲撃しようとしたという。

だが、実行直前に計画は露見する。これを機に仲麻呂は政敵を一掃しようと決意、四〇〇人を捕縛・処罰した。こうして専制体制を確立した仲麻呂は、翌年、孝謙女帝を譲位させ、大炊王（淳仁天皇）を皇位につけた。

仲麻呂は淳仁天皇から、恵美の姓と押勝の名を与えられ、天平宝字六（七六二）年にはついに最高位の正一位についている。

◉孝謙天皇が道鏡を寵愛し、仲麻呂と対立

ただ、この前後から孝謙上皇は、病を治してくれた道鏡を寵愛するようになる。いっぽ

うの仲麻呂は、後ろ盾の光明皇太后をその死（七六〇年）で失い、権力の弱体化を恐れた。そのため道鏡の存在は目障りで、淳仁天皇を通じて孝謙に対し「道鏡を寵愛しすぎぬように」とクギを刺す。

すると激怒した孝謙は、五位以上の貴族を集め、突然、こう心境を吐露する。

「いまの淳仁天皇は、自分に対して従順ではなく、まるで仇敵（きゅうてき）のように私に接し、言ってはならぬことを言い、してはならぬことをしてきた。私にはそんなことを言われる覚えはない。彼と別のところに住めば、そんなことを言われることもなくなる。ゆえに、出家して仏の弟子になり、この寺に入ったのである」

そして、

「今後、淳仁には雑務しか任せない。国家の大事と賞罰は私が自らおこなう」

と、すさまじい政権の奪還宣言をおこなったのである。

この言動は、仲麻呂にとって青天の霹靂（へきれき）であった。

ただ、孝謙がこう宣言しても、大権を行使できる「鈴印（れいいん）」（駅鈴と天皇御璽（ぎょじ））は淳仁天皇の手元にあり、仲麻呂政権がただちに瓦解するわけではなかった。だが仲麻呂は、同年末に人事を刷新して、強引に自分の子供たちを参議（朝廷の閣僚）にするなど、守りを固めた。

けれど、仲麻呂の腹心たちが次々と亡くなったり、凶作や地震など天変地異が立て続けに起こったりしたことで、仲麻呂政権の求心力は落ちていく。

そこで天平宝字八（七六四）年九月二日、仲麻呂は淳仁天皇の許可を得て「都督四畿内・三関・近江・丹波・播磨等国兵事使」という軍事権を握るポストを新設。自らこの役職につき、諸国から徴兵して軍事訓練を施すと称した。ここでも三関が登場することから、三関が権力保持のために必要不可欠なものであったことがわかるだろう。

ただ、この兵力で己を守ろうとしたのか、孝謙の力を封殺しようと企てたのか、そのへんはよくわからない。

◉孝謙上皇、三関を閉鎖して仲麻呂の侵入を防ぐ

この頃になると、孝謙上皇のもとに仲麻呂の叛意を密訴してくる者が相次いだ。ここにおいて孝謙は、淳仁天皇から鈴印を奪取せんと動く。天皇大権の象徴を手に入れ、一気に仲麻呂から権力を奪おうとしたのだ。

これに気づいた仲麻呂は、息子を遣わして鈴印を入手したが、対して孝謙も、すぐに家臣らを派遣。彼らは仲麻呂の息子を射殺し、鈴印は孝謙上皇が奪取した。

かくして仲麻呂は謀反人の烙印を押されてしまう。同時に孝謙上皇は、固関使を派遣し

藤原仲麻呂の乱

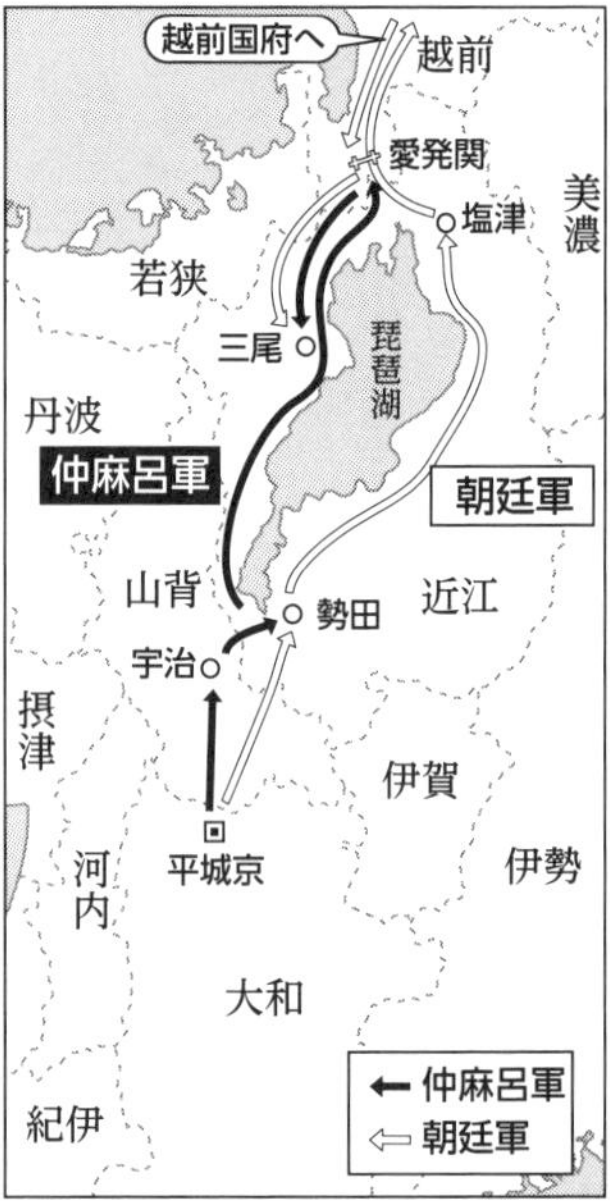

て三関を閉鎖（固関）し、兵に厳重に警備させている。

その夜、仲麻呂は「太政官印」を奪い、密かに一族を連れて屋敷を脱出した。太政官印を奪ったのは、これを捺した太政官符があれば、さまざまな政府の命令を出せるからだ。そして、仲間を集めて宇治をへて近江国の国府を目指した。ここを拠点にして兵を募ろうとしたのである。

だが、山背（山城）守の軍勢が裏道の田原道を通って先回りし、勢田橋を焼き落としてしまう。そのため仲麻呂は、いったん近江国高島郡の豪族・角家足の屋敷に入り、越前国へ逃れて再起をはかろうとした。

しかしこの頃、すでに孝謙方の軍勢が、仲麻呂の子である越前守恵美辛加智を殺していた。それを知らない仲麻呂は、精鋭十数人を愛発関へ遣わし、ここを押さえて越前国へ入ろうとするが、遣わした精鋭部隊は愛発関で撃退されてしまう。

仕方なく、仲麻呂は琵琶湖から船で浅井郡の塩津を目指すが、逆風のためにかなわず、陸に上がって険しい山道から愛発関を目指そうとした。味方の辛加智が殺害されていることを知らず、この関所さえ突破できれば、越前の地で兵を募ることができると考えていたのだ。

結局、孝謙方の軍勢に阻まれて激戦となるが、かなわないと判断した仲麻呂は高島郡に引き返した。そして三尾(みお)の古城に籠もったのである。仲麻呂軍は敵軍をよく防いだが、多勢に無勢で、ついに崩れ去った。その後、仲麻呂は一族とともに琵琶湖へ逃れたが、最後は湖上で殺害された。

以上、藤原仲麻呂の乱を見てきたが、この戦いで、三関を制することがいかに重要かが理解できたかと思う。

白河・勿来・念珠という「奥羽三関」の特別な機能とは

◉朝廷の対東北策の最前線

東北地方の入り口に設置された白河(しらかわ)・勿来(なこそ)(菊多(きくた))・念珠(ねず)の関所を「奥羽三関」と呼ぶ。

『類従三代格』(18頁)に載録された承和二(八三五)年の太政官符には、俘囚の通行や官物の取り締まりのため、白河関と菊多関(勿来関の古称)は長門国(山口県西部)の関に準じることが記されている。

俘囚についてはのちに説明するが、その後に続けて、「昔の記録によれば、この両関がおかれてから四〇〇年近くが経つそうだ」と書かれている。念珠関には言及されていないが、この白河関と勿来関については、この記録を信じれば、早くも五世紀前半には設置されていたことになる。

「そんなに早く?」と思う向きもあるかもしれないが、筆者はその可能性はあると思う。というのは、四世紀に大和国で成立したヤマト政権は、五世紀までに九州から東北南部までを支配下におさめたものの、東北北部は七世紀半ばになっても服属しない人びとがいたからだ。彼らは蝦夷と呼ばれたが、その警戒のため、ヤマト政権が奥羽三関を設置して通行人を臨検したり、蝦夷の反乱時に固関して敵の国内侵入を防いだりしたことは十分考えられる。

◉一〇世紀前半まで続いた、蝦夷との長い戦い

朝廷(ヤマト政権)は、六四七年に渟足柵、翌年に磐舟柵という蝦夷に対する日本海方

面の最前線基地を設け、斉明天皇は阿倍比羅夫を秋田地方へ派遣し、津軽地方までの蝦夷を平定させた。そして和銅五（七一二）年に東北の日本海側に出羽国を設け、天平五（七三三）年には秋田城を築いた。こうして日本海側の蝦夷は、完全に平定された。

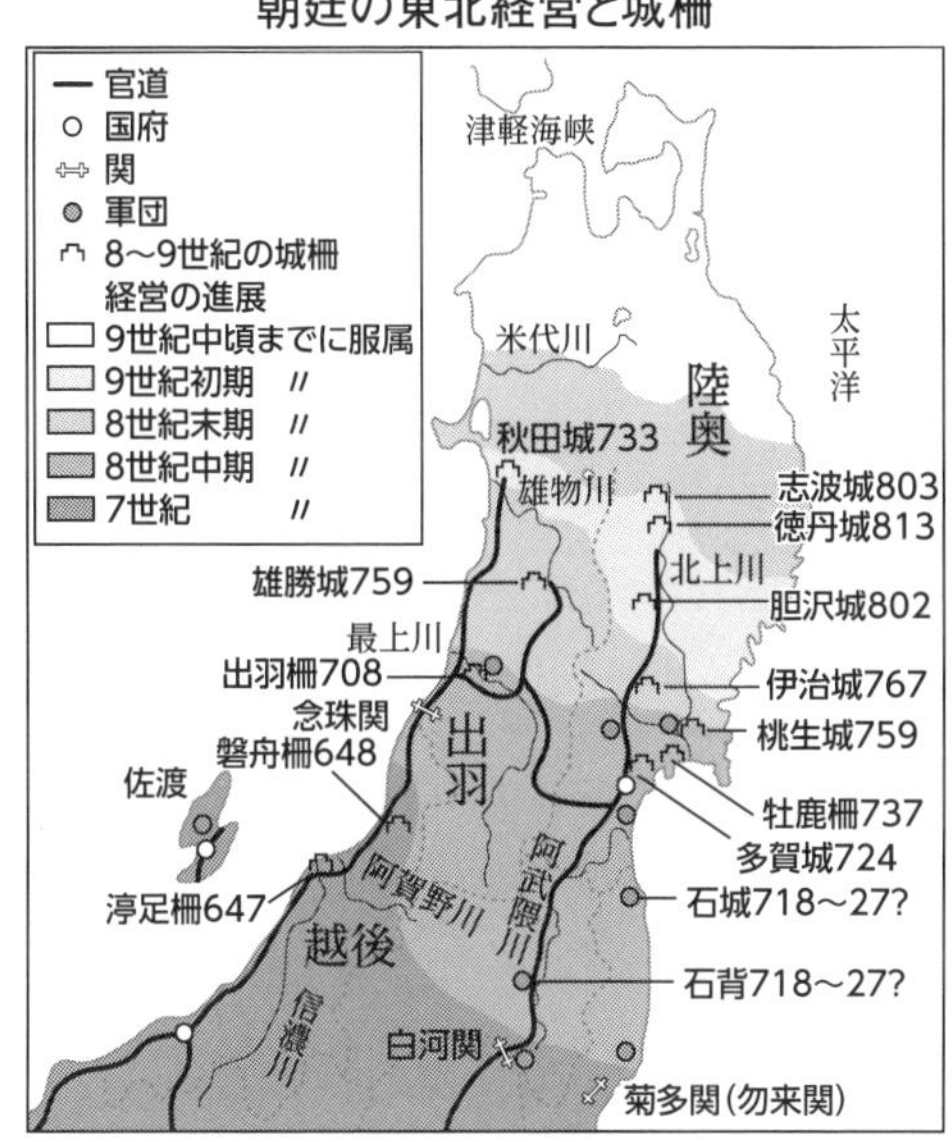

朝廷の東北経営と城柵

服属した蝦夷については、課役を免除したうえ、定期的に手当（米や塩など）を与えて生活を保障し、関東を中心に全国各地へ移住させた。東北の蝦夷の抵抗力を弱めたのだ。これが先に述べた俘囚である。

俘囚たちは俘囚郷と呼ばれた地区に集団で住み、もと山野での狩猟で生計を立てた。彼らは乗馬や武器の使い方に慣れていたこともあり、やがて国司の軍事力として重宝される。朝廷の公民に同化して農耕生活をおこなう俘囚もいたが、国司からの手当が減ったり重税を取られたりした場合は、蜂起することもあった。

なお、東北の太平洋側だが、朝廷は神亀元（七二四）年に陸奥国に多賀城を築城し、ここに鎮守府（東北支配の拠点）をおいた。そして、北陸や関東の人びとを東北の地に遣わし、城柵周辺に「柵戸」として生活させ、土地を開墾させた。

いずれにせよ、蝦夷の平定が進めば奥羽三関の軍事的な重要性は薄れてくるはずだが、その後もたびたび蝦夷は反乱を起こした。宝亀一一（七八〇）年に伊治呰麻呂が多賀城を陥落させた（伊治呰麻呂の乱）ことを機に、陸奥・出羽両国にまたがる大反乱となり、三〇年以上にわたり戦いが続く。

桓武天皇は、紀古佐美を征東大使とし、胆沢地方（岩手県）を制圧させようとするが失敗。そこで坂上田村麻呂を征夷大将軍に任命し、延暦一三（七九四）年には一〇万の大軍を派遣した。田村麻呂は胆沢地方に進出して延暦二一（八〇二）年に胆沢城を築き、さらに北上して翌年、北上川上流に志波城を構築した。これらを東北攻略の前進拠点とし、ついに蝦夷のリーダー阿弖流為を服属させたのである。

だが、阿弖流為を朝廷が処刑したことで、再び蝦夷は反抗し始め、一〇世紀前半まで抵

松平定信が白河関跡に建立した「古関蹟」。(写真提供：Dogpochi)

抗が続いた。

◉蝦夷の服属とともに失われた「白河関」の機能

白河関の場所は、発掘によって白河市旗宿だと判明している。すでに、寛政の改革で有名な白河藩主・松平定信が、土塁や空堀が残るこの場所を関跡だと考え、「古関蹟」の碑を建立している。その後も昭和三〇年代の調査によって、掘立柱建物や竪穴住居が多く見つかった。生活の痕跡である土師器や須恵器が出土し、鉄製品も多く見つかったことから、工房が設置されていたようだ。

ちょうど東山道が走る奥羽への入り口に位置し、道の両側は山がそびえている。そのために、ここを塞いでしまえば大きな防衛効果をもたらすことができた。実際、近年の調査では、白河関は柵木（さくぼく）などをはりめぐらした巨大な防御施設だったことが判明している。ちょうど蝦夷の反乱が少し落ち着いた延暦一八（七九九）年に、勿来関を兵士六〇人で守っていたという記録が残る。また承和二（八三五）年にも、白河と勿来での検査を厳しくするように、という命令が出されている。

佐々木虔一氏は「国内の俘囚（中央政府に服属した蝦夷）が多数、気ままに国境を出入りし、また『商旅の輩』が官に納める雑物を国外に持ち出しているのを防ぐためである」（「将門記にみえる関と東国の交通」『日本古代の道路と景観─駅家・官衙・寺─』所収　八木書店）と述べる。なお、蝦夷らが武器となる鉄製品を入手することを防ぐ目的もあったようだ。

いずれにせよ、蝦夷が完全に服属した一〇世紀になると、白河関もその機能を失ったと思われる。

◉「念珠関」だけは江戸時代まで続いた

前述したように、勿来関は菊多関ともいい、白河関と同時に設置されたとされる。

その場所だが、常陸国と陸奥国の境である福島県いわき市勿来町関田だとされ、勿来の関公園や「いわき市勿来関文学歴史館」などもあるが、ここが勿来関の跡地だと比定されたのは、江戸時代初めのことである。磐城平（いわきだいら）藩主内藤氏などが古歌にちなんで桜を植えたり、碑を建てたりして名所にしたが、残念ながら考古学的には勿来関の場所は特定されておらず、宮城県にあったという説もあるほどだ。

最後の念珠関だが、越後国と出羽国の国境の海沿いに、白河・勿来関よりかなり遅れて設けられたようだ。何度か関所の場所は移動したが、最後の関所は江戸時代初期に庄内藩によって設けられた、現在の山形県鶴岡市鼠ヶ関の地である。奥州三関のうち念珠関だけが、江戸時代もずっと関所として機能していたのである。

能因、芭蕉、源義家…旅情を誘った白河・勿来関と文学

◉白河関まで行かずに和歌を詠んでいた？

奥州三関のうち、白河関と勿来関については、都の貴族たちの旅愁や旅情を誘ったようで、和歌や物語など多くの文学作品に登場する。そして、生み出された作品は、その後も日本文学に大きな影響を与え続けた。

「都をば霞とともに立ちしかど　秋風ぞ吹く白河の関」

これは、小倉百人一首でもおなじみの能因法師の和歌である。

「平安京を春爛漫の春霞とともに旅立ったけれど、白河関に着いたときには、もう秋風が吹いていたよ」という意味である。

ただ、能因が実際に白河関へ赴いて詠んだ和歌かどうかはわからない。赴いたという古記録もあれば、たまたま京都でこの和歌を思いついてしまい、陸奥へ向かったという噂を流し、自宅にこもって日焼けをし、ちょうど秋になってから姿を現し、この和歌を発表したという資料もあるのだ。

まあ、春に京都を出たら初夏には白河に着いてしまうだろうから、いくらゆっくり下向したとしても、秋風が吹くまで現地に辿り着かないというのは、さすがに日にちがかかりすぎる。

このほか和泉式部、藤原定家、藤原家隆など、多くの歌人が白河関を詠んだが、三十六歌仙の一人で、「しのぶれど色に出でにけりわが恋は　ものや思ふと人の問ふまで」（『小倉百人一首』）の作者で知られる平兼盛も次の和歌を残している。

「便りあらば　いかで都へ告げやらむ　今日白河の関は越えぬと」（『拾遺集』）

「もし便りを出すことができるなら、今日、白河関を越えたと都へ知らせてやりたい」という意味の和歌である。ただ、実際は兼盛も能因法師同様、どうやら白河には来ておらず、知人が所有する白河関を描いた屏風を見てこの和歌を詠んだといわれている。

◉芭蕉、白河関跡でいにしえの歌人を偲ぶ

ちなみに、この能因や兼盛の和歌に影響を受けたのが、江戸時代に蕉風俳諧を確立した松尾芭蕉である。芭蕉は実際に白河関跡を訪れており、『奥の細道』には、そのときのことを次のように記している。

「心もとなき日数重なるままに、白河の関にかかりて旅心定まりぬ。『いかで都へ』と便り求めしもことわりなり。中にもこの関は三関の一にして、風騒の人、心をとどむ。秋風を耳に残し、紅葉を俤にして、青葉の梢なほあはれなり。卯の花の白妙に、茨の花の咲き添ひて、雪にも越ゆる心地ぞする。古人冠を正し衣装を改めしことなど、清輔の筆にもとどめ置れしとぞ　卯の花をかざしに関の晴れ着かな　曽良」（頴原退蔵訳注『新訂おくのほそ道』角川文庫）

前半部分を意訳すると「不安なまま江戸を出立して日が過ぎていったが、今日、白河関に来て旅をするのだという気持ちが定まった。昔、兼盛が白河関を越えた感激を都に知らせたいと歌った気持ちも理解できる。白河関は三関の一つで、風雅な文化人たちが心を寄せたのもよくわかる。能因法師が詠んだ秋風の和歌が耳に残る」といった意味になろう。

勿来関についても、古代から歌枕になっており、紀貫之、小野小町、和泉式部、西行などが和歌を詠んでいるが、もっとも有名なのは、八幡太郎と呼ばれ武勇の誉れ高い源義家の和歌かもしれない。

「吹く風を勿来関と思へども　道もせに散る山桜かな」

この義家の和歌は『千載集』に載録されている。

勿来の由来は「来るなかれ」だといわれ、それを知っていた義家は、「勿来という由来の関所なのだから、風よ吹くなと思うものの、道を塞いでしまうほどに山桜の花びらが散っている」と歌ったのだ。その情景が目に浮かぶ美しい和歌である。

●奥州藤原氏の祖を助け、源氏の基盤を築いた義家

ただ、陸奥守兼鎮守府将軍として陸奥に着任するために勿来関を越えた義家は、その後、奥州を支配する清原氏の内紛を解決するため、数年間にわたって苦しい戦いを強いられることになった。

これより前、前九年の役で奥州を支配下においた清原武則の子・武貞には、三人の男児があった。ただ、その関係は複雑だった。先妻の子で嫡男の真衡、後妻（安倍頼時の娘）の子・家衡、後妻の連れ子・清衡（藤原経清の子）というものだった。

武貞の死後、清原氏を継いだ真衡は横暴で、一族の長老・吉彦秀武（きみこのひでたけ）に臣下の礼を強要したので、怒った秀武が挙兵。真衡も出陣するが、その隙に家衡と清衡が兵を挙げたため、真衡は挟撃される形になった。窮（きゅう）した真衡は、陸奥守の義家に応援を要請する。

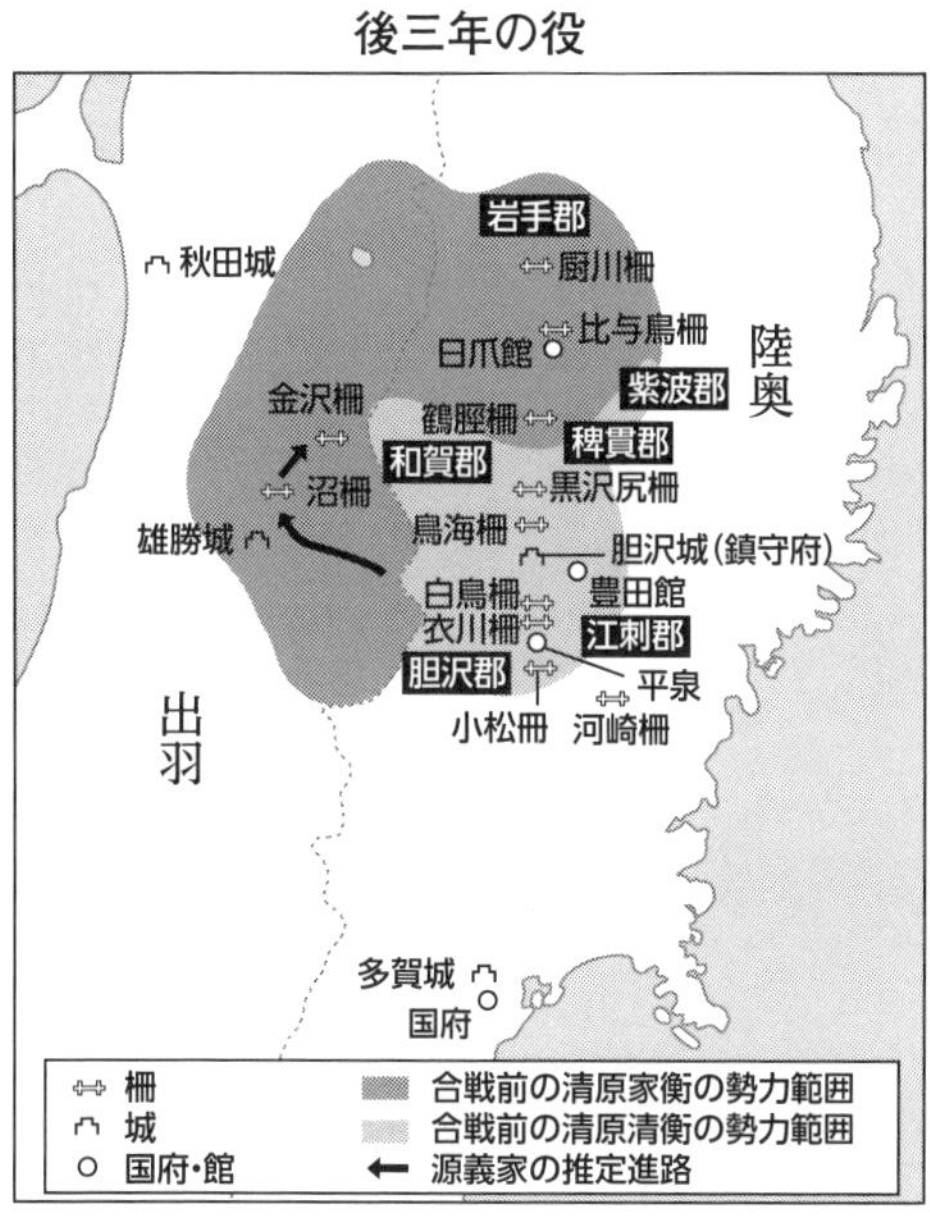

義家は真衡の願いを聞き入れ、家衡と清衡を打ち破って降伏させた。ピンチを脱した真衡は、いざ秀武征伐へ赴くが、陣中で病のため急死してしまう。そこで義家は、残った家衡と清衡に「陸奥六郡」を折半して与えたが、これを不服とした家衡が清衡の館を襲って、その妻子を殺害したのだ。

復讐を誓う清衡が頼ったのは、自らを打ち負かした義家だった。家衡の暴虐を訴える清衡に義家は助力し、家衡を出羽国沼柵に攻めたが、酷寒のため苦戦が続くことになる。

だが、兄の苦境を聞き知った義家の弟・義光が都から大軍を率いて駆けつけたため、これに力を得た義家軍は家衡を金沢柵に追い詰め、ついに滅ぼすことができた。これを後三年の役（一〇八三〜八七）という。

戦後、勝利した清原清衡は、亡父の藤原氏（奥州藤原氏）に復姓する。そして、出羽・陸奥の俘囚長として平泉を拠点とし、東北全土に君臨。以後、清衡・基衡・秀衡と三代にわたって黄金時代を築いた。

いっぽうの源義家は、東北平定が朝廷から評価されず、恩賞も出なかった。しかし義家は、自分の私財を放出して部下である東国の武士への恩賞としたので、その声望は天下にとどろき、これを機に源氏は東国地方に根を張るようになったのである。

跋扈する「僦馬の党」と新設された坂東の関所

◉「三関」は廃止されるも、新たに関所が造られる

古代最大の関所「三関」（鈴鹿・不破・愛発の関）は、桓武天皇の延暦八（七八九）年に

廃止された。東北地方は蝦夷の反乱でいまだ落ち着かなかったが、平安京を中心とする畿内は支配が安定し、反乱の心配もなくなったためだ。また、近江国境の街道沿いに巨大な施設を維持するための役人や、兵を常駐させておく必要はないと判断したことに加え、むしろ関所で過所（過書）をチェックすることは交通を阻害すると考えたのだ。

こうして東山道、東海道、北陸道の通過はフリーパス状態となった。

ただし、三関は「古関」と呼ばれ、以降も国家の一大事には臨時に固関がおこなわれている。兵士や武器、食糧などは関所におかなくなったが、関所の施設を完全に撤去したわけではなく、最低限の管理維持はなされていたのであろう。

大同元（八〇六）年に桓武天皇が崩御したときも古関に兵が派遣されているし、それから四年後の弘仁元（八一〇）年には、薬子の変に際して古関が厳重に固められている。なお、このとき北陸道の古関は、越前国愛発関ではなく、近江国逢坂関となっている。いつ愛発関から逢坂関に変わったかは詳らかではないが、逢坂関も古関と呼ばれているから、相当前に変更されたようだ。

ところが天元元（九七八）年になると、いま述べた逢坂関に加え、近江国に新たに大石、龍花の二関が設置されたのである。

舘野和己氏によれば、「いずれも山城から近江に入った地点にあたる。設置の理由は明確ではないが、三月に京南・平城で群盗・姦盗を捕捉させていること（三月癸丑・乙卯・壬戌条）からすると、それらの取り締まりをめざしたものと考えられよう。また相模国の足柄関と上野国の碓氷関が、東海道と東山道を行き来して馬を略奪する僦馬の党の取り締まりのために昌泰二年（八九九）に置かれた」、「このように関の新置は、群盗・姦盗や僦馬の党の跳梁といった特定の状況に対処するため」（『日本古代の交通・流通・情報1　制度と実態』）であると論じている。

新たな関所の設置は、群盗や僦馬の党などの横行を防ぐ狙いだったというのである。

◉関所の新設は「僦馬の党」の侵入を防ぐためだった

「僦馬の党」という言葉を聞き慣れない方も多いと思うが、彼らは単なる窃盗団ではない。これについては、その由来をしっかり説明する必要があるだろう。

別項で述べたように、公民の逃亡を防ぐのが関所の目的の一つだったが、八世紀後半になると、本籍地から逃げ出す人びとが急増して公地公民制が機能しなくなり、国家は仕方なく開墾した土地の所有を認めていった。それが荘園である。

また、朝廷は口分田の公民への班給をあきらめ、公的耕地を公田とし、その耕作をまとめて有力農民（富豪百姓）にゆだねることにした。

天皇家でも九世紀になると、荒れた田や空き地などを占有して開発させ、自家の私有地とした。これを勅旨田と呼ぶが、税を納めなくてよい不輸租田だった。また天皇は、皇族（親王や内親王）に荒廃田や空閑地を与えるようになる（賜田）が、天皇と結んで勢力を強めた少数の皇親・上級貴族（これを「院宮王臣家」という）が、やはり私的に多くの土地を集め、国家財政を圧迫するようになった。

こうした状況を見て、地方の郡司（豪族）や先の有力農民らは、進んで院宮王臣家の家人（家来のようなもの）になった。彼らは自分の土地を荘園として院宮王臣家にゆだね、国司の支配から逃れようとしたのだ。そのため醍醐天皇などは、院宮王臣家への土地集積を防ぎ、律令制を再建するために荘園整理令を出したが、なかなか効果は上がらなかった。

経済的な力をたくわえた郡司や有力農民のなかには、自分の土地を守ったり、勢力を拡大したりするため、武装する者たちが現れてくる。これが僦馬の党であり、武士の起源の一つとされる。これには、軍団（各国から徴発された兵士でつくる軍事組織）が八〜九世紀に廃止され、地方の治安が悪化したことも背景にあった。

彼らは政府への税の輸送をになっていたが、時としてその軍事力で国司の支配に逆らったり、税を搾り取ろうとする国司を襲撃したりすることもあった。また、徒党を組んで都へ輸送される調や庸を奪う、盗賊まがいの行為をおこなう者たちも出てくる。

僦馬の党は街道で略奪行為をくり返し、追っ手が迫れば国境を越えて逃げ去っていった。だからこそ、街道を固める関所が必要になっていったわけだが、いずれにせよ、九世紀の終わり頃から、僦馬の党の蜂起が坂東（関東地方）で続発する。

このため佐々木慶一氏は、「九世紀末には、坂東諸国を取り囲む形で北には白河・菊多関と焼山（たきやま）関を置き、南には足柄関、西には碓氷関を置き、駿河国には横走（よこばしり）関、岫崎（くきざき）関・清見関を置く交通検察体制がしかれていた」（『日本古代の道路と景観―駅家・官衙・寺―』内「将門記にみえる関と東国の交通」）という。

ただ、一〇世紀前半には平将門が反乱を起こし、新皇（しんのう）と称して坂東の地を席巻（せっけん）する勢いを見せた。このとき将門は、朝廷が設置した足柄と碓氷の関所を、逆に防衛拠点にしようと構想している。

けれど平安中期以降になると、こうした状況も落ち着きを見せ、次第に古関の固関も形式的なものになる。兵で古関を警護するようなことはなくなったのである。

二章

中世の関所から日本史を読みとく

日野富子は「関銭」などの富で応仁の乱を収拾した！

義経と弁慶が越えたのは「安宅関」ではなかった?!

◉山伏姿で関所を通過しようとするが…

関所と歴史的人物の関わりといえば、思い浮かぶのは、やはり歌舞伎の『勧進帳』で知られる源義経・弁慶主従の安宅関の逸話ではないだろうか。『勧進帳』は、江戸時代初期、初代市川団十郎が能の『安宅』を参考に創作した演目だとされる。

壇の浦の戦いで平氏を滅ぼした源義経は、意気揚々と平宗盛などの捕虜を連れて鎌倉に戻ろうとするが、朝廷から官位を勝手にもらうなどして兄・源頼朝の怒りを買い、鎌倉に入れてもらえずに追い返された。その後、義経は頼朝の刺客に襲われて激怒し、後白河法皇に頼朝追討の院宣を出してもらい挙兵する。しかし兵が集まらずに京都を逃れ、摂津から船で九州を目指すが風で吹き戻されてしまう。

以後、義経一行は各地を潜行しつつ、どうにか奥州の藤原氏のもとに逃れることができた。『勧進帳』は、この逃避行の際の話である。内容を振り返っておこう。

義経率いる一行は、山伏姿で安宅関（現・石川県小松市）を通過しようとする。山伏や僧侶は通常、過所（過書とも。関所手形）は必要ない。だから、義経一行は「焼け落ちた東大寺を再建するための勧進（人々に寄付をつのること）だ」と称して関所を通り抜けようとする。

だが、すでに義経らが逃亡している情報は、各関所に伝えられていた。だから安宅の関守である富樫左衛門尉泰家は彼らを怪しみ、厳しい尋問をおこなった。

すると義経の家来・弁慶が「これが勧進の証拠だ」と言って、白紙の巻物を広げ、さも寄付集めの趣旨が書いてあるかのごとく、朗々と読み上げたのだ。これに感心した富樫は通行を認めるが、富樫の家来が、一行のなかにいた強力（山伏に従う下僕）が義経ではないかと疑った。

すると、弁慶が「お前のせいで疑われたのだぞ」と強力姿の義経を激しく金剛杖で折檻する。このとき富樫は、義経の正体に気がついていたが、その行為に胸を打たれ、そのまま義経一行を通過させた。

一五世紀後半に成立した能の『安宅』にも「安宅関」は登場するが、実は、一次史料（当事者の日記や手紙や公文書など）にはまったく出てこない。さらに、一四世紀前半に成立した義経の事蹟を記した最古の『義経記』（軍記物語）にも出てこないのである。同書では、なんと、古代の三関の一つ、愛発関での出来事になっているのだ。

◉愛発関での出来事になっていた関越えの逸話

『義経記』ではどのように書かれているのか、以下に詳しく紹介しよう。

義経一行は愛発山にたどり着いた。だが、そこには越前国の住人・敦賀の兵衛と、加賀国の住人・井上左衛門尉が関屋（関所）をこしらえていた。彼らはそこに昼夜三〇〇人の関守をおき、乱杭を関屋の前に打って警備していた。通行人はこれを見て「義経たちは、とてもここを通過できないだろう」と言い合った。

十数人の義経一行は二組に分かれた。義経が弁慶ら七人とともに関所の木戸口に行くと、すぐに関守たちが一〇〇人ほどで取り囲み、「義経ではないか」と叫んだ。

そこで義経が進み出て「さてさて、われら羽黒山伏が何をしたと騒いでいるのです」と述べたので、関守が「おまえ、義経であろう」と糺したが、義経は質問に答えず「この関所の長官はどなたです」と尋ねた。彼らが「越前国の敦賀兵衛と加賀国の井上左衛門だが、いまは外出している」と答えると、「主がいないのに、我々に手をかけ禍を招くでない」

と諭したのである。

それでも関守たちが食い下がろうとすると、弁慶が出てきて「さあ、大和坊（義経のこと）、お前は引き下がれ」と言ったので、義経は関屋の縁側に座った。その後は弁慶が、弓や太刀を向けて「射殺せ」とわめく関守たちを巧みに落ち着かせた。すると、関守の一人が「あいつらが義経一行でなく、本当の山伏なら、殺したら大変なことになる。関銭を払えと言ってみよう」と提案したのだ。

もし義経たちならば、山伏が関銭を払わずに通過できる慣例を知らず、関所を通りたい一心ですぐに金を払うはずだと考えたのである。

ところが、関銭を請求された弁慶は「羽黒山伏に関銭を払わせるなどおかしい。聞いたこともない。例のないことはせぬ」と言ったので、関守たちの間で喧々囂々の議論が始まり、ある人は「やはり関東に人を派遣して、どうするか判断を仰ごう。それまで留めおくべきだ」と提案した。

これを聞いた弁慶は、「これは金剛童子（仏）のお計らいだ。それまで関屋で兵糧米をたっぷり喰える。道で施しを受ける必要もない。ここで祈禱しながらゆっくり休もう」と述べ、みなで荷物を持って関屋に入り、くつろぎ始めたのである。

しかも弁慶は、関守たちに義経のウソの身の上話などを語りだしたので、とうとう関守たちは「これは義経一行ではない。すぐに通してしまおう」と関所の木戸を開いた。だが、弁慶はすぐに関所を立ち退こうとせず、ふてぶてしくも、「この二、三日、食事を与えることができない者がいたので、兵糧米を少し分けていただきたい」と頼みこんだのだ。そして弁慶は、もらった米を「大和坊、受け取れ」と言って、義経に与えたのである。

そのうえで弁慶は、長押の上に突っ立って、法螺貝を何度も吹き鳴らし、見事な祈禱をおこない、関守たちを喜ばせて関所を後にしたという。

これが史実かどうかわからない。また、いつ頃、どういうわけで義経一行が通った関所が愛発関から安宅関に変わったのかも、不明である。

だが、少なくとも『義経記』が成立した南北朝時代（室町時代初期）においては、愛発関はいまだ重要な関所であり、何か事件があると、幕府の命令によって封鎖（固関）され、警固の者たちが配置されたことが判明する。

ただ、どうやら関所の責任者は、古代のように国司などではなく、近隣に住む住人だったこともわかる。さらに山伏などの宗教者については、過所などがなくても通過できる習慣があったことも理解できよう。

では、これから中世（院政期から戦国時代）における関所の機能や仕組み、逸話などを紹介していこう。

謎に包まれた、中世の関所の特徴と構造

◉古代の関所と中世の関所の、最大の違いとは

中世の関所と聞いて、すぐに思い浮かぶ名称や場所があるだろうか。それどころか、その仕組みすらイメージできない方が少なくないはずだ。

とにかく、調べてみてわかったことだが、中世史における関所の研究は、極めて少ないのだ。

近年の論文や研究書などをいろいろとあたってみたが、個別の事例を取り上げたものが圧倒的で、中世の関所の特徴や構造を全体的に概説したものは皆無に等しかった。

管見（かんけん）の限り、体系的な研究書としては、相田二郎（あいだにろう）著『中世の關所』（有峯書店）だけであろう。私の手許にあるのは昭和四七年に発行されたものだが、もともと戦前に出版され

た本の再版だった。

さて、そんな相田氏が、室町時代の甲斐国追分宿の関所に関する文書を分析し、中世の関所の特徴を以下のように述べている。

「関所は、その場所を通過する人馬から、銭貨を徴収する作用を持つてゐた。かくの如く、或特定の場所で、其所を通過する者から財貨を徴収する事を経済的作用とし、この作用を持つ関所を経済的関所と称して置く。まことに中世に現れた関所の作用は、殆んどこの作用に限られてゐるかの如くである。これ中世の関所の第一の作用として、こゝに経済的作用を挙げる所以である」（前掲書）

このように中世の関所の最大の特徴は、通行人から関銭を徴収して利益を上げるという機能を持つようになったことにある。古代にも関銭を徴収した例は存在するが、中世ではこの機能がメインとなったのだ。

◉軍事的機能、人身売買を取り締まる機能もあった

もちろん古代同様、防衛機能や警察的な機能を主目的とする関所も存在しないわけではない。

たとえば、先の相田氏は『高野山文書』に載録された嘉応元（一一六九）年の文書を例に、

①興福寺の衆徒（僧兵が中心）が高野山の寺僧と結んで関所を固め、敵対する金峯山の寺僧や小蔵荘の荘民（公領内の住民である公民に対して荘園内の住民をさす）の通行を妨げようとしたこと、さらに、②嘉禄三（一二二七）年に鎌倉幕府の三代執権・北条泰時が大和国で興福寺の衆徒が蜂起した際、新たに守護を派遣して彼らの荘園を没収するとともに、関所を固めて南都（奈良）への道を塞いで兵糧攻めをおこない、衆徒らを駆逐したことをあげている。

こうした防衛機能、軍事的要素を持つ関所については、南北朝時代の動乱期に急増するが、やがてまた下火になっていく。

また、中世の関所には、同じく古代のように道行く者をそのつどチェックし、不適格な人々を先へ行かせないという機能もあった。

「一人倫売買事、勾引中人等者、可被召下関東被買之類者、随見及、可被放其身、且可触路次関々也」

これは、鎌倉幕府の正史『吾妻鏡』の仁治元（一二四〇）年一二月一六日の条に載る一文で、幕府が人身売買を取り締まるため、関所において人を買った者と売られた者を抑留し、処分せよと命じたものである。

相田氏は「これは悪事を取締るための関であつて、社会の安寧を維持するために、平素往来を警戒する役目を持つてゐたものと考へられる。かくの如く、或特定の場所で、平素往来を警戒する作用を、警察的作用とし、この作用を持つ関所を警察的関所と称して置く」（前掲書）と定義している。

ちなみに、人身売買を関所で取り締まるという仕組みは、近世まで踏襲（とうしゅう）されている。それについては、のちに述べることにする。

◉「経済的関所」と社寺との〝甘い関係〟

さて、関銭を徴収するための関所は、鎌倉時代中期以降に激増していく。ただ、関銭を集める関所は、割合でいうと、海や川に造られたものが圧倒的に多い。しかし南北朝時代になると、道路に設けた関所も増えてくる。なお、水の関所については、四章で集中的に取り上げることにしたい。

いずれにせよ、そうした「経済的関所」の多くは、社寺と関連している。関所が社寺に寄進され、その収益で社殿や堂宇（どうう）の修復や新築などをまかなうのだ。したがって永久に関所の利益が与えられるわけではなく、目的が達せられれば、それで終わりとなる。あくまで臨時、有期が原則であった。そのため、関所が社寺の荘園内に存在する必要はなく、無関係の場所におかれているものが多かった。
その手続きだが、社寺が建物の造替費用が必要になると、朝廷にこれを申請、当該部署が審査したうえで、朝廷が官符などを出して関所からの利益を与える許可を出す（寄進する）という仕組みだったようだ。朝廷ではなく鎌倉幕府が許可を出すケースもあった。

中世の京都周辺のおもな関所

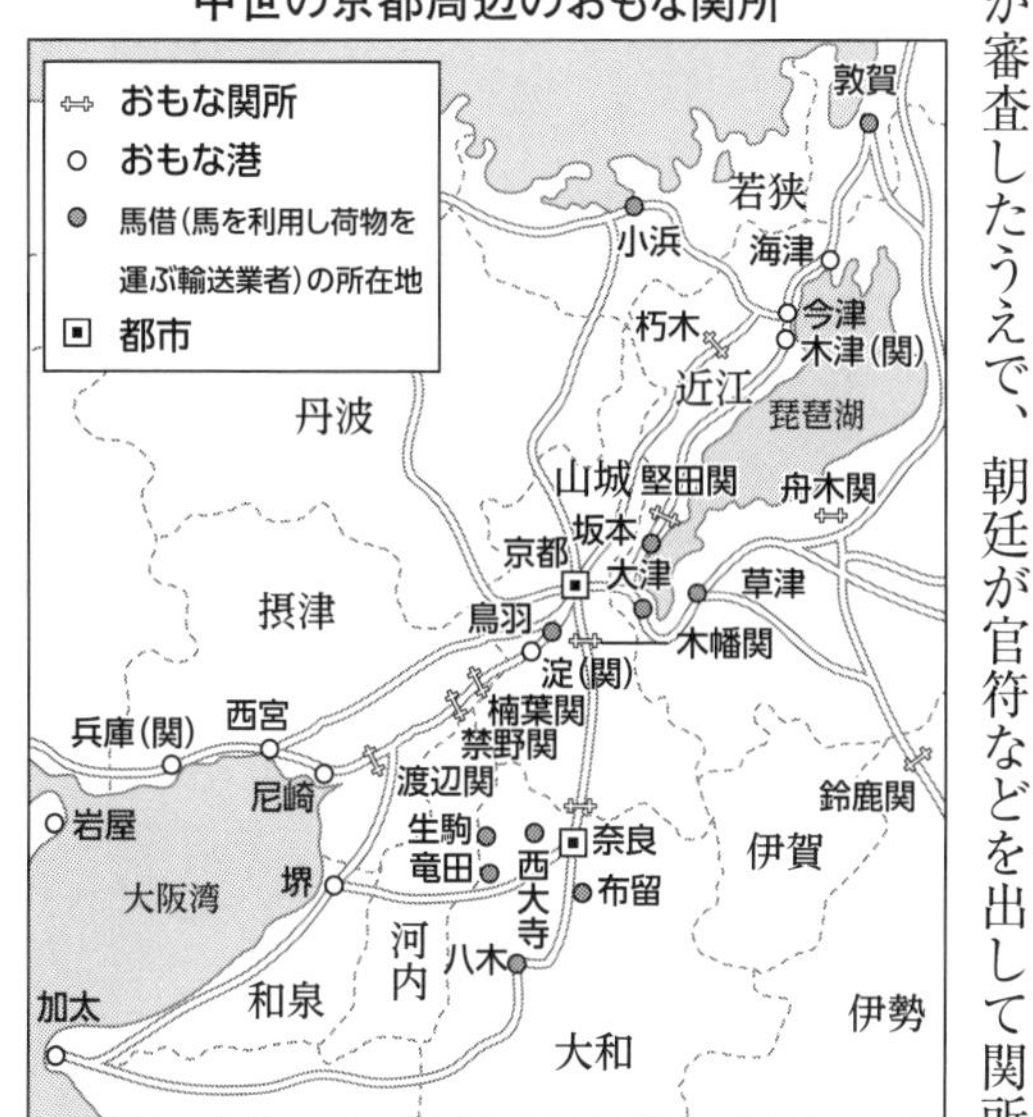

これまで朝廷は、社寺の造替費用は国衙領（公領）の収益から出してきたが、武家政権に変わり、幕府の守護や地頭が力を持って国衙領を押領するなどしたため、財源が厳しくなり、関所に目をつけたと相田氏は論じる。
また、京都の東寺などをはじめとする有名社寺の門前、富士山の登山道の入り口などにも関所が設けられ、関銭

が徴収された。ちなみに、富士登山は平安時代に始まり、鎌倉時代には修行のための登山が確立していた。人が多く集まるところには金銭目的で関所が林立したのが、中世の特徴だった。

◉関銭の相場はいくら？

さて、当時の関所だが、通過する際、いかほどの関銭を徴収されたのだろうか。

これについては、及川亘氏が南北朝期の甲斐国追分宿の関所、近江国朽木率分関（83頁）などの事例を分析し、「意外に地域によるばらつきは少なく、中世後期を通じて、概ね人は一人当たり三文から一〇文、馬は荷物の種類により一〇―二〇文といったところが一般的だった」（「旅行者と通行証―関所通過のメカニズム」高橋慎一朗・千葉敏之編『移動者の中世―史料の機能、日本とヨーロッパ』東京大学出版会　所収）と述べている。

なお、通行手形である過所を獲得し、通行の自由を得て関銭を免除されたり軽減されたりすることもあった。

許可を出したのは朝廷だったり、領主だったりするが、やがて室町時代になると、手形の発行も含めて、室町幕府が関所の設置権や支配権を掌握するようになる。

「鎌倉七口」は、鎌倉幕府にとって〝最強の関所〟だった

◉鎌倉の地勢と北条泰時による街づくり

治承四（一一八〇）年に以仁王の令旨（皇子の命令を伝える文書）に応じ、平氏に対して挙兵した源頼朝は、同年一〇月に相模国鎌倉へ入り、ここを政権の拠点とした。

同年、頼朝は御家人の統率機関として侍所を設置、有力御家人・和田義盛を別当（長官）とした。その後、後白河上皇から東国の支配権を与えられ、頼朝の所領が爆発的に増加してくると、元暦元（一一八四）年、これらを管理する財政担当機関である公文所をおいて大江広元を別当とした。同年には御家人の訴訟を担当する問注所も設置され、ここに鎌倉幕府の統治機関の原型が形づくられた。

もともと鎌倉の地は、頼朝の先祖である源頼信が賜った場所で、その子・頼義が八幡神（源氏の氏神）を分霊した源氏ゆかりの地であった。しかも、鎌倉は由比ヶ浜に沿って旧東海道などが走る水陸交通の要衝であるうえ、風水（陰陽道）の相も最高だとされた。

頼朝は、由比にあった鶴岡八幡宮を大臣山の麓に再建、八幡から由比ヶ浜に続く若宮大路を造った。鶴岡八幡宮を京都の内裏に、若宮大路を平安京の朱雀大路に比したという。

なお、鎌倉を都市として本格的に整備したのは、幕府の三代執権・北条泰時であった。泰時は幕府の施設を狭隘な大倉から若宮大路脇に移して京風な造りにするとともに、和賀江の津を造成した。由比ヶ浜は遠浅で、大船は寄港できず、西風が強いため難破船も多かった。そこで由比ヶ浜の東端に石積みの防波堤をつくり、大船が接岸できるように改変した。これが和賀江の津である。

これにより和賀江の津には各地から船が盛んに来航、由比ヶ浜周辺には商人が集住するようになり、繁栄を極めた。現存する材木座という地名は材木商人の居住区に由来するが、このほか米座、絹座など「鎌倉七座」と呼ばれる商人たちの居住地区が生まれた。建長寺、円覚寺、東慶寺などの仏閣も次々と創建され、鎌倉には多くの僧侶が住むようになった。有力な御家人も幕府の周辺に館を構えたといわれ、彼らの消費をあてにして多くの商人が集まった。そのため、最盛期の鎌倉は人口一〇万を超える、当時としては巨大都市だったと推定されている。

◉「七つの切通」という関所に守られた鎌倉

鎌倉という名称の由来は諸説あるが、地形がカマドに似ているからともいわれる。

鎌倉は三方が一〇〇メートルほどの

鎌倉と七つの切通

低山に囲まれ、前面に相模湾（由比ヶ浜）が広がる。なお、低いながらも鎌倉を囲む山々は峻険（人工的に削って城壁のようにした場所もある）で、七つの切通（鎌倉七口）を通過する以外、陸路から鎌倉市中に入る手だてはなかった。

名越、朝夷奈（朝比奈）、巨福呂（小袋）、亀谷（亀ヶ谷）、化粧、大仏、極楽寺の七口である。

どの切通もけわしい坂道になっており、しかも道幅は非常に狭い。人工的に山や尾根を削ったり掘ったりして造られた通路（隘路）であり、この坂道を木戸で塞ぎ、その上に防御施設を建設してしまえば、これほど守るに堅い場所はない。つまり、七つの切通は、鎌倉幕府を守るための関所だったわけだ。

逆にいえば、ここを敵勢に突破されたら、鎌倉市中は窮地に陥ってしまう。そのため幕府の実権を握る北条氏は、この鎌倉七口の切通を非常に重視した。

研究者の石井進氏は、二代執権・北条「義時の子供たちの時代には、鎌倉七口・七切通の出入口の内側や外側は、すべて北条氏一族によって直接支配され、彼らの別邸が立ち並んでいた。思えば当然のことと言えようが、鎌倉をとりまく天然の要害の各所にうがたれた城門というべき七口・七切通の出入口にはすべて北条氏一族が配置されていたのである」（『石井進の世界⑤　中世のひろがり』山川出版社）と述べている。

ちなみに先の石井氏は、七口の周辺には墓地が広がり、刑場があったり、娼家が集中していたり、市場が設置されたりするなど、特別な異空間であったことを指摘している。

さて、この鎌倉七口が鎌倉市中の防衛機能に加えて、通過する人々を臨検する関所機能を持っていたことは『一遍聖絵（一遍上人絵伝）』に載る逸話からよくわかる。この絵巻は、鎌倉時代後期に活躍した時宗の開祖・一遍の死没直後に作成されたもので、まさに同時代の史料といえる。

◉一遍、巨福呂坂で鎌倉入りを止められる

一遍は延応元（一二三九）年、河野通広の子として伊予国道後に生まれた。一三歳で出家して仏教修行に励み、二五歳で俗人に戻って暮らしたのちに再び出家し、文永一一（一二七四）年より各地を漂泊（遊行）しながら念仏を書いた札を配る布教の旅を続けた。南は薩摩国（鹿児島県）大隅半島から北は陸奥国（岩手県）北上山地にまで及び、「南無阿弥陀仏　六十万人決定往生」と記した念仏札を、生涯に二五万一七二四枚配ったとされる。

一遍は、念仏を信じる信じないに限らず、悪人か善人を問わず、すでに人は救われることが決定しているとし、その喜びを身体であらわそうと踊念仏を勧めた。そして、鉦に合わせて数百人の集団が念仏をとなえながら踊った。あるときなどは床板を踏み抜くほどの熱狂が起こり、随喜の涙を流しつつ、そのまま命を絶つ者も現れた。この踊念仏で一遍の名は知れ渡り、彼の行くところ老若男女が群がった。

そんな一遍は弘安五（一二八二）年春、巨福呂坂の切通から鎌倉へ入ろうとする。武家政権の中心地での布教を決意したためである。

ちょうどこのとき、鎌倉幕府の八代執権・北条時宗一行とかち合い、警護の武士に巨福呂口で制止された。ところが一遍一行は、それを無視して進んでいく。すると武士は彼ら

を鞭でたたき、一遍にも暴力を振るって追い散らそうとした。

けれど一遍は動じず、「このような扱いをするとは、お前たちは地獄に堕ちるだろう。私は念仏普及に命をかけている。鎌倉入りできないのならここで臨終することにする」と言い放ったのだ。

閉口した武士が「鎌倉市中には入れられないが、木戸（入り口）の外ならば認めよう」と妥協したため、一遍一行は鎌倉の手前・片瀬の地蔵堂で念仏を始めた。すると、一遍の毅然とした態度を見聞きした鎌倉の人々が雲霞のごとく集まってきた。このとき三月末だというのに、花が降り紫雲がたなびき始めた。

人びとは一遍が起こした奇跡だと言い合ったが、一遍は「花のことは花に問え。紫雲のことは紫雲に問え。一遍は知らず」と飄々としていたという。エセ宗教の教祖なら、この現象を大げさに自慢するのだろうが、完全に黙殺して念仏に専心し続けたところに一遍の偉大さがあるといえよう。

いずれせよ、この逸話から巨福呂口の切通には木戸があり、警備の武士たちが目を光らせ、怪しい通行者を遮断し、時には駆逐していたことがわかる。ただ、先に述べた『一遍聖絵（一遍上人絵伝）』には、そのときの様子が描かれているが、前方から馬に乗った武士

「一遍聖絵　第五巻第五段」より。一遍上人が巨福呂坂から鎌倉に入ろうとして武士に阻まれている。木戸は描かれていない。（清浄光寺〈遊行寺〉蔵）

たちがやって来て、僧侶たちの先頭にいる一遍に向かって街道上で何か言っているような場面が描かれている。おそらく巨福呂坂の切通を守る武士たちだと思われるが、木戸などは描かれていない。

ちなみに、この絵伝には、古代から有名な白河関の様子も描かれている。道路上に関所の建物（関屋）が立ち、そのなかには武骨な男が二人おり、壁には弓矢がいくつも立てかけてある。中世における白河関を描いたものとしてたいへん貴重な史料である。

◉新田義貞軍は、いかに鎌倉を攻略したか

鎌倉七口の関所（防衛）機能は、幕府が滅ぶ日まで健在だった。

元弘（げんこう）三（一三三三）年五月八日朝、上野（こうずけ）国新（にっ）

田荘の御家人・新田義貞は一族一五〇騎を集めて挙兵、味方の数を増やしつつ鎌倉を目指した。翌九日には利根川を越えて武蔵国へ入り、ここで四歳の千寿王（足利尊氏の嫡男）と合流する。

『太平記』は、千寿王の来援により、関東各地から武士たちが「期せざるに集まり、催さざるに馳せ来たり」といい、同日夕方には、総勢で二〇万七〇〇〇騎に膨れあがったとする。南北朝時代の軍記物『梅松論』にもその数二十万余とある。さすがに多すぎるので、実際は数万程度だったろうが、それでも膨大な数だ。

この大軍は利根川を渡って鎌倉街道上ノ道を進み、一一日早暁に入間川を渡河、南岸の小手指ヶ原（埼玉県所沢市小手指町）まで到達する。およそ二〇里（80キロ）を二日足らずで駆け抜けてしまったのだから、驚くべき速さだ。

義貞の挙兵を知った鎌倉幕府は、北条泰家（一四代執権・北条高時の同母弟）を総大将とし、総勢一一万余騎で入間川の渡河を阻止しようとした。しかし間に合わず、五月一一日朝、期せずして両軍は小手指ヶ原で遭遇戦に突入する。これは二日にわたる激戦となったが、しだいに反乱軍が有利になった。そこで幕府軍は多摩川の分倍河原にまで退き、ここで防戦態勢を固めた。

鎌倉幕府の滅亡

幕府が分倍河原に陣を張ったのは、鎌倉へ直結する鎌倉街道上ノ道が走っていたからだ。当時、道路は限られており、とくに太い道は鎌倉街道上ノ道だけだった。馬は深い山林や未開の原野を進むことができない。ここさえ押さえてしまえば、反乱軍は鎌倉に到達するのが困難になる。つまり、多摩川が関所の役割を果たしたのである。

二日間兵馬を休めた義貞は、雌雄(しゆう)を決すべく分倍河原へと進出。一五日未明、全軍に突撃を命じたが、来援を得た幕府軍の猛攻に敗れて敗走した。

しかし翌日、義貞は再び分倍河原へ来襲する。この頃、足利尊氏が京都の六波羅探題（幕府の重要機関）を滅ぼしたという情報が届いたようで、武士が続々と反乱軍側に加わり始めた。結果、幕府軍は総崩れとなる。

その後も義貞側に馳せ参じる武士が後を絶たず、ついには、総勢六〇万七〇〇〇の大軍に膨らんだと伝えられる。一八日早朝、義貞は行軍を開始。もはや、反乱軍をさえぎる勢力は存在せず、一〇里の道をわずか一日にして踏破した。

◉勢いに乗る義貞軍も鎌倉七口は破れなかった

多摩川を破られ内郭への侵入を許した鎌倉幕府は、戦線を縮小して守勢に転じ、本丸の鎌倉を死守すべく、鎌倉の入り口たる七つの切通の関所を完璧に封鎖した。鎌倉は三方を山、一方を海に囲まれた要害の地であるゆえ、この作戦はまことに至当であった。

義貞は、自軍を海側の極楽寺坂切通方面、山側の巨福呂坂切通方面、そして義貞率いる中央の化粧坂切通方面の三手に分け、午前六時頃から一斉に進撃させた。

午前一〇時頃から本格的な戦闘が始まったが、幕府軍は必死の抵抗を見せ、とくに極楽寺方面は激戦となった。かくして戦いは、二〇日まで膠着状態が続く。いかに切通の防衛力が高かったかがわかるだろう。

二一日未明、義貞は苦戦する極楽寺坂方面に二万人を増派した。この切通は、海岸側からの鎌倉への入り口で、すぐ南には稲村ヶ崎が広がっている。切通を越えるのは無理と判断した義貞は、この稲村ヶ崎からの強行突破を決意する。

しかし、浜辺には逆茂木（さかもぎ）（79頁の図）が並べられ、海には幕府の兵船が無数に浮かんでいた。だが彼は、やにわに黄金造りの太刀を海中に投じて龍神に祈念した。すると二〇町（2キロ以上）も潮が引いて干潟が現出するとともに、幕府の兵船は沖に流されたのだ。

〽七里ヶ浜の磯伝い　稲村ヶ崎　名将の　剣投ぜし古戦場

かつての文部省唱歌『鎌倉』は、その情景をうたったものだが、この不思議な現象については諸説ある。磯貝富士男氏は、バリア海退期における海水面の低下と潮の満ち引きによるものと論じ、田家康氏は北からの強風による特殊な現象と推論している。

太刀を海中に投じたのは、士気を高めるための義貞のパフォーマンスだったのだろう。

義貞本隊が稲村ヶ崎から鎌倉に乱入すると、幕府軍は背後からも敵の攻撃を受けることとなり、ついに壊乱した。北条高時は五月二二日、一族を連れて葛西ヶ谷（かさいがやつ）の東勝寺（とうしょうじ）（北条氏の菩提寺）に入ってことごとく自害して果て、ここに鎌倉幕府は滅亡した。義貞の挙兵から、わずか二週間後のことであった。

ただ、義貞の大軍をもってしても、鎌倉の切通は突破できなかったことは事実である。

稲村ヶ崎からの攻撃が突破口だったことが、その守りの堅さを物語っているといえよう。

室町時代中期に、なぜ関所が林立したのか

◉関所の新設を禁止した足利尊氏

さて、室町時代中期になると、全国各地に関所が林立するようになる。

建武政府の後醍醐天皇や室町幕府を創設した足利尊氏などは、商売や年貢の輸送、諸人の往来に迷惑をかけるので新たな関所は設けてはいけないと禁じている。しかし、あまり効果はなく、やがて幕府自体が盛んに関所を設けて資金を調達するようになった。

室町時代中期の関所について、大島延次郎氏は「寛正三年（一四六二）には、淀川のほとりだけで、三百八十カ所を数え、文明十一年（一四七九）には、奈良から山城・近江をへて、美濃の明智に至る間に二十九関をもうけた」、伊勢神宮への「参宮街道には桑名・日永間の一八キロに六十の関所をおいて、一文ずつの関銭をとった。さらに伊勢国には百二十関を設けて関銭をむさぼった」（『関所　その歴史と実態』新人物往来社）と述べている。まさに、常軌を逸した関所大国になっていたことがわかる。

◉朝廷が「京都七口」に関所をおいたわけ

ところで「京都七口」という言葉がある。

もともとは、東海道、北陸道、山陰道など七つの大路から京都へ入る入り口をさしており、一般的には大原口、鞍馬口、粟田口、伏見口、鳥羽口、丹波口、長坂口だとされる（東寺口、荒神口、竹田口など諸説あり）が、この七口には鎌倉時代（あるいは南北朝時代）あたりから関所がおかれるようになった。ただし、関所の場所は移動したり、廃止されたり、七か所以上設置されたりするなど、時代によってかなりの変遷があった。

七関をおいたのは、朝廷の財政が厳しくなってきたからだ。ゆえに財源として朝廷の官司（行政組織・役所）がおのおの関所を設け、京都に入る人や物に課税するようになったのである。このように、朝廷の官司が設置した関所を「率分関」と呼ぶが、その代表的な

京都七口

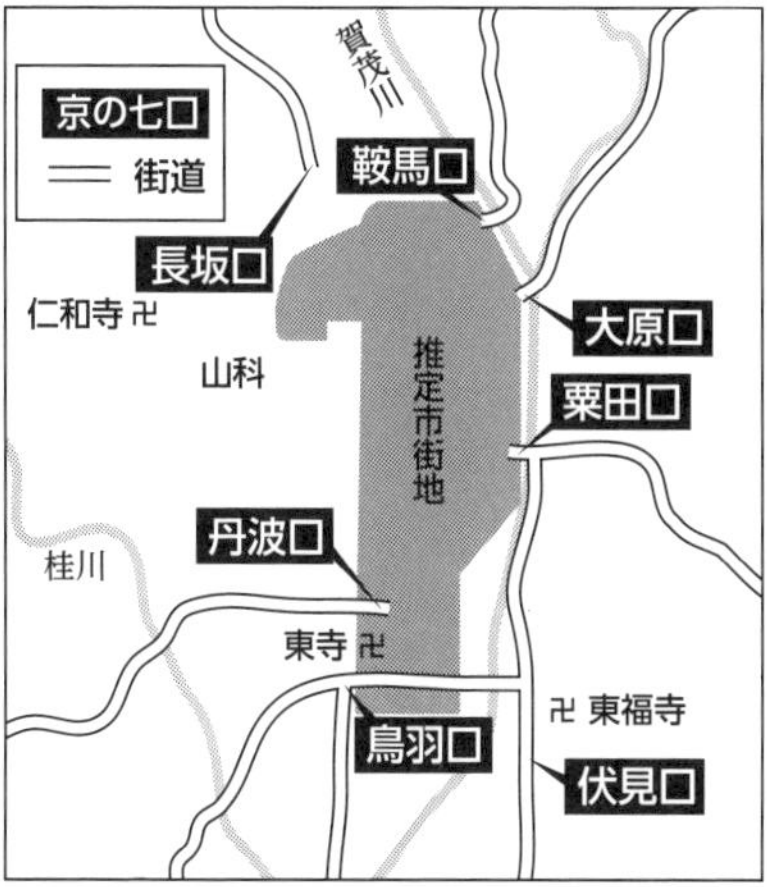

京の七口
街道
賀茂川
鞍馬口
長坂口
仁和寺
山科
大原口
粟田口
推定市街地
丹波口
桂川
東寺
東福寺
鳥羽口
伏見口

※場所や名称は諸説あり

官司が内蔵寮と御厨子所であった。

内蔵寮が「主に天皇の装束、諸社奉幣の料物などのことを掌った」（高橋昌明著『平安京・京都研究叢書3　洛中洛外　京は〝花の都〟か』図書出版文理閣）のに対し、御厨子所は「天皇の朝夕の御膳を供進し、節会などには酒肴を献じることなどを掌る」（前掲書）組織だった。内蔵寮の長官には代々、公家の山科家がつき、御厨子所の長官には万里小路家がついた。両家は関所の収入で天皇家に奉仕するいっぽう、両家にも関所からの莫大な収益が入ってきた。

各関所には、山科家や万里小路家から被官（家臣）が代官として派遣されるが、川島優美子氏は「中世後期における京都周辺の関の構造」（『学習院史学　第二十九号』所収）のなかで、洛中洛外図から七口の景観を見ると「七口の関所は、主要街道上に存在する何々口といわれる集落の出入口に設置されたものだった」と思われ、こうした集落に住む供御人たち（朝廷に属し、さまざまな品物を貢納する集団）が、実際には関所運営に関わっていたと見る。

研究者の田端泰子氏も「関所に常駐していたのは、山科家管掌の関ならば、本所である山科家の家司（公家の家臣）や山科の郷民または山科家の配下にあった内蔵寮や御厨子所の供御人であった」「このように関所の運営つまり関銭徴収には、土民が関与することができたのであり、関銭を払わずに無理に関所を通過しようとする者から金品を取り上げてもよいという了解が存在した」（『室町将軍の御台所　日野康子・重子・富子』吉川弘文館）と論じている。

◉関所での徴収権者を決めるのは、幕府だった

室町時代中期になると、関所の設置などの権限は、室町幕府ががっちり握るようになっていく。一例として、保坂関（滋賀県高島市）の支配について述べておこう。

高橋昌明氏によると、明応三（一四九四）年冬以前の段階で、保坂関の「関銭徴収の権利を持つ者には、朽木氏・六角高頼・小林新左衛門入道の三者があった」（『平安京・京都研究叢書3　洛中洛外　京は〝花の都〟か』）という。

関銭の徴収権が複数に分割されていることは興味深いが、同年、幕府の使者が朽木氏のもとに訪れ、保坂関の六角高頼の権利は細川政頼に移ったという幕府の命令書（幕府奉行人奉書）を手渡している。高頼が一〇代将軍足利義稙の征討をうけ、没官されたからである。

また、文明一七（一四八五）年に、小林新左衛門入道が幕府の「御料所であった高島郡船木関公用銭を滞納したため、関務代官職を伊勢貞陸に交替するよう幕府から命じられた」

（前掲書）という。関所の権限者の与奪権は幕府が握っていたことがわかるだろう。

関所を通過するための手形も、幕府が「基本的には管領もしくは過書奉行の下知状の様式で過所を発給した」（及川亘著「旅行者と通行証―関所通過のメカニズム」）と考えられている。

ただ、「実際に現地に行ってみると通関を拒否されることがある」（前掲書）ようで、「現地の関所に対してより直接的に介入できる守護ないし守護代を通じて過所を遵行させる、すなわち過所の内容の通りに執行させる」書状が必要だったとする（前掲書）。

幕府は、現地の関所の支配者に対して強い権限を持っていたわけだが、通行者に対してはやはり関務をになう人々の権限が大きかったといえる。

応仁の乱を収拾した日野富子。その秘密は関所にあり！

◉一一年間続いた乱の最終章

京都で勃発した応仁の大乱だが、始まりから五年の歳月が流れた文明四（一四七二）年、西軍の大将・山名持豊は、東軍の細川勝元に講和を持ちかけた。

この間、持豊は、八代将軍義政の弟・足利義視を自軍に迎えたり、南朝の皇統・小倉宮を奉じたりしたが、やはり将軍義政と天皇を東軍に奪われている現実は痛かった。賊軍の汚名は次第に西軍方諸将の士気を鈍らせ、前年には名将朝倉孝景が東軍に寝返ってしまっていた。すでに持豊は当時の平均寿命を超えており、きっと戦う意欲が萎えたのだろう。しかしこの話は、細川一族の反対により、あっけなく流れた。そして翌年三月、持豊は死んだ。六九歳だった。

それからわずか二か月後、驚くべき事態が出来する。今度は勝元が亡くなったのである。まだ四四歳の壮年であった。死因は伝染病によるものと推定されるが、『応仁記』は「いまだ強壮のころなるに、かく逝去ありし事、血気に争いをなすもの、一方（持豊）

応仁の乱の対立関係

	西軍		東軍
将軍継嗣問題	子 義尚	8代足利義政	養子 義視
将軍家	義視		義政 義尚
幕府内勢力争い	守護 山名持豊 （宗全）		管領 細川勝元
管領畠山氏家督争い	子 持国 子 義就	畠山満家 養子（持国→政長）	子 持富 政長
斯波氏家督争い	養子 義廉	斯波義健	養子 義敏
有力守護による争い	六角氏 一色氏 大内氏ほか		赤松氏 富樫氏 京極氏ほか

『詳説 日本史図録』（山川出版社）参照

果てぬれば必ず（もう一方も）死ぬる事ためしなきに非ず。山名死して五十日過ぎざるに、勝元天年を終わらずして逝する事、天のなす所なり」と評している。

大将の相次ぐ死により両軍の自壊は加速した。洛中での戦闘は激減し、日常の平穏が都に戻ってきた。同年一二月、足利義政は将軍職を息子の義尚に譲った。九代将軍の誕生である。

翌年四月、東軍の細川政元（勝元の子）と西軍の山名政豊（持豊の孫）とのあいだで、講和が成立した。ただ、都にはまだ東軍の畠山政長や赤松政則、西軍の大内政弘や畠山義就などが在陣しており、時折小競り合いが起こった。完全に両軍が撤兵するのは、文明九（一四七七）年のことである。大内政弘が領国に戻ったことで、都に居座る軍勢はみな引き揚げたのだ。これをもって、一般的には応仁の乱は終息したと見る。

◉大内氏、畠山氏を京都から撤兵させた富子

乱の後始末をしたのは、日野富子だった。

この頃、足利義政は社寺参詣や作庭などに耽溺して政務にあまり関心を示さず、新将軍義尚も幼少だったため、幕府の実権は、日野富子と彼女の兄の勝光が握っていた。

日野兄妹はその権力で多くの富を集めたといわれ、勝光などは「権威無類、和漢の重宝、

山岳の如く集め置かる」（『長興宿禰記』）、「およそ近来有徳無双の仁なり。大福長者のごとし」（『大乗院日記目録』）などと評され、その権勢は絶大なものだった（ただし勝光は文明八年に死去している）。

もともと室町将軍家には、莫大な金銀が流れ込む仕組みになっていた。将軍の直轄領である御料所からの税、高利貸に特権を与える代わりに上納させた酒屋役・土倉役、日明貿易の利益、守護や地頭に課した分担金や賦課金、庶民から集めた段銭・棟別銭。さらに淀川などの港からの津料や、五山（大寺院）からの献金などがあった。

もちろん、これらすべてが富子の懐に流れるわけではないが、富子が個人的に所有している御料所の存在も判明しており、こうした諸税の一部だけでも巨額にのぼったろう。なおかつ富子は、金貸しをしたり、米相場に手を出したり、関所を設けて関銭を徴収したりするなど、日々蓄財に励んでいた。

田端泰子著『室町将軍の御台所　日野康子・重子・富子』（吉川弘文館）によれば、『大乗院寺社雑事記』の文明九年七月二九日の条に「御台一天御計之間、料足其数を知らず御所持」と記されており、「将軍家御台所富子の執政が続いており、政治を執っているがゆえに、副産物として莫大な料足が富子のもとに集まっていた」といい、権力者という立場も巧みに利用していたのだろう。

いずれにせよ富子は、文明九年、京都に陣取る大内政弘に三九〇貫文を上納させ、その代わりに領国を安堵したうえ従四位（じゅしい）の授与を実現させてやり、都から撤兵させたのである。また、畠山義就も、富子から一〇〇〇貫文をもらって撤収に同意したといわれている。富子は、金の力で大乱の決着をつけたわけだ。

◉息子・義尚の命を奪った近江遠征のウラ事情

さて、先の田端泰子氏は、応仁の乱後の文明九（一四七七）年以後、富子はたびたび京都七口に関所を新設しようとしたことを指摘している。そして、その要因として、文明八年に火事で室町第（将軍の御所。この時期、天皇も同居）が焼失し、天皇家や将軍家の宝物に加え、富子の財産が残らず燃えてしまったことをあげている。

しかし領民たちは関所の新設に反発し、たびたび土一揆を起こすなどした。

前項で述べたように、京都七口といわれる京都近郊の関所の多くは、公家の山科家が支配していたが、文明一二年の土一揆により「七口関はすべて土一揆によって破却された」（前掲書）。このため「山科家が受けた打撃は大きく、関銭を徴収できる関所が朽木口と淀口のみに激減したこと、つまり京の七口の関所を失った」（前掲書）うえ、その二つの関所

15世紀に起きたおもな一揆

	一揆(発生場所)	政治上の関連事項
1428	正長の徳政一揆 「代始めの徳政」要求→私徳政	前将軍足利義持死去 →政治的空白が生じる
1429	播磨の土一揆	播磨国守護赤松氏の家督争い
1432	徳政一揆(伊勢)	
1441	嘉吉の徳政一揆 「代始めの徳政」要求 →幕府、徳政令公布	嘉吉の変(将軍足利義教横死) →京都に軍事・政治的空白が生じる
1447	山城西岡の徳政一揆	
1454	享徳の徳政一揆 分一徳政・分一徳政禁制	畠山政長・義就の対立
1457	長禄の徳政一揆 東寺占拠・幕府軍撃退	
1459	**京都七口**に新関設置	**京都七口**に新関設置
1462	徳政一揆(京都)**京都七口**占拠	寛正の飢饉(61〜62) →京都の死者8万2000人以上
1465	徳政一揆(京都)東寺占拠	
1466	徳政一揆(京都)	
1467		応仁・文明の乱(〜77)
1480	**京都七口**関所撤廃一揆	
1485	山城の国一揆	畠山政長・義就の対立
1488	加賀の一向一揆	守護富樫政親と一向宗の対立

『詳説 日本史図録』(山川出版社)参照

の収入も不安定になり、数年後にはとうとう関銭自体が入らなくなるのである。

この土一揆には、山科家の関所の運営をになってきた山科郷の人びとも参加した。それは、この頃から山科家が関の運営を高利貸しにゆだね、その高利貸しが土民から収奪していたからだとする。

いっぽう富子は一揆を鎮圧しようと動くが、なかなか相手が手強く、翌「文明十三年正月にも、富子がまた関立てを計画したが、土民らが申し合わせ、関所を破る準備をしていたため、関所設置は日の目を見なかった」（前掲書）とする。

さて、富子は息子の義尚が成人すると、政治の第一線から身を引く。そして、義尚が父の義政を抑えつつ、政治の中心になっていく。

そんな義尚は長享元（一四八七）年、幕府の御料所を横領した六角氏を倒すべく、近江国へ向けて出立する。己の権威を天下に見せつけるのが狙いだったというが、無理が祟ったのか、遠征中に重篤な病気になってしまう。酒色におぼれて体調を崩していたのに、強引に出陣したのが良くなかったといわれる。

知らせを聞いて陣中に駆けつけた富子は、献身的に息子の看病にあたったものの、長享三年三月、二五歳の若さで義尚は死去した。その遺骸は輿に乗せられ、京都北山の等持院へ移送されたが、これに付き従った富子は大声で泣き、その慟哭は輿の外まで聞こえるほどだったと伝えられる。

だが、田端氏によると、義尚の命を奪うことになった近江遠征は、富子が所有する関所と関係があったのではないかと指摘している。

富子は近江国に御料所を所有していたが、そこに舟木関（69頁の図）を設けており、「毎月六〇貫文の料足が御台の収入として入っていた」（前掲書）とする。ところが「六角氏は文明十一年（一四七九）頃、押領をくり返していた。御台の所領の中には、魚公事徴収権など商業課税権があり、それと並んで関所での関銭徴収権も富子が所持していた」（前掲書）ので、それもあって義尚が近江征伐をおこなったのではないかと推論するのである。

いずれにせよ、幕府など支配者層にとって、関所は経済的に相当なうまみがあったのだ。

織田信長は「関所撤廃の先駆者」ではなかった！

◉そもそも天下統一を目指していない

まずは、左の文章を読んでほしい。

「信長は、家臣団の城下町への集住を徹底させるなどして、機動的で強大な軍事力をつくり上げ、すぐれた軍事的手腕でつぎつぎと戦国大名を倒しただけでなく、伝統的な政治や宗教の秩序・権威を克服することにも積極的であった。また経済面では、戦国大名がおこなっていた指出（さしだし）検地や関所の撤廃を征服地に広く実施したほか、自治都市として繁栄を誇った堺を武力で屈服させて直轄地とするなどして、畿内の高い経済力を自分のものとし、また安土城下町に楽市令を出して、商工業者に自由な営業活動を認めるなど、都市や商工業を重視する政策を強く打ち出していった」

これは、高校日本史の教科書『改訂版詳説日本史B』（山川出版社　二〇一八年）の織田信長の業績を紹介した部分である。信長という人物がたいへん革新的で、これまでの伝統的な権威や政策を一新したことがわかる。戦国の革命児として高く評価されているのだ。

だが、教科書の記述はあくまで現時点での定説を載せたものであり、研究の最前線では、こうした信長像は大きく変化してきている。

「初めから天下統一を目指していたわけではない。城下町への集住は一部にすぎない。楽市楽座を施行したのは数例にすぎず、座を認めるほうが多かった。外交ベタであった。その政策は後進的であった」

このように、通説が大きくくつがえりつつあるのだ。

◉通行手形の発行者は、室町幕府から戦国大名へ

では、関所の撤廃についてはどうなのだろう。

実は、これについても大きく評価が変わりつつある。まずは戦国時代の関所の実態から説明しよう。

室町時代、全国の関所の新設や改廃の権限を握っていたのは室町幕府であった。だが、戦国時代になり、各地に独立の地方権力たる戦国大名が登場してくると、その権限は次第に大名のほうへ移っていく。

たとえば、永正（えいしょう）一三（一五一六）年に奥州の伊達稙宗（たねむね）（政宗の曽祖父）が京都の将軍・足利義稙のもとに使いを送った。義稙から「稙」の名を賜った御礼のためである。使者は頤神軒存奭（いしんけんぞんせき）という人物だった。この存奭が京都への往復でかかった諸費用をすべて記録した算用状が現存する。関所や渡しで支払った金額も明記してあり、研究者の及川亘氏が論稿「旅行者と通行証—関所通過のメカニズム」で詳しく分析している。

面白いのは、すでに時代は戦国期に突入していたが、存奭が出立前、大金を払って京都へ使いを送り、幕府から御奉書、すなわち過所（通行手形）を発行してもらっていることだ。つまりこの時期もまだ、全国の関所で幕府の権威が通用したことがわかる。

とはいえ、「北近江の一二ヵ所では『七頭之面々』がこの『御奉書』を信用しなかったために、改めて『雑色衆（ぞうしきしゅう）』すなわち幕府の下級役人に少なからぬ礼銭を払って『御奉書』を申請しなおし」ているし、越中国では守護代の椎名氏や神保氏、越前国では守護朝倉孝景の重臣など、「伊達氏領国を出てから行く先々で、それぞれの地域の有力者の助けを得」

「その度ごとに存奭は駄賃なり酒代を支出して」（前掲書）いる。

すなわち、一六世紀初めになると、幕府発行の過所があっても、守護や守護代（のちに戦国大名に転身する者が多い）といった地元実力者の協力がなければ、関所の通過が難しい状況になっていたことがわかる。

さて、甲斐の甲府から都留郡を走る古関関所について、永禄二（一五五九）年の史料が存在する。天文一八（一五四九）年から永禄一一年までに武田氏から過所を発行され、関銭を免除された三四名の一覧である。柴辻俊六氏は、その著書『信玄の戦略――組織、合戦、領国経営』（中公新書）で、この史料について次のように述べている。

「信濃の領主層をはじめ、他国の遠隔地商人の名も多くみられ、甲斐国内の商人の場合も含めて、彼らは武田氏との特別な奉公関係によって、あらかじめ過所を入手していた特権的な者たちである。つまり古関関所ではこの一覧に載らない関銭を徴収される不特定多数の者のあったことが想定される」

以上のように、一六世紀半ばになると、戦国大名自身が領国内の過所を発行する主体者となっていたことがわかる。

なお、柴辻氏は、戦国大名が設けた関所について、その用途を大きく二つに分けて考えている。「領国境のものは軍事的な理由から」「領国内の国境や郡境の関所、主に関銭を徴収する目的での財政的な理由から設置されていた」（前掲書）と述べ、先の古関関所は後者だとしている。

戦国乱世ゆえ合戦は絶えず、他大名との境目には厳重な関所を設け、人や物の出入りを厳しく統制し、敵襲の場合には防衛機能を果たしたことは想像に難くない。

◉「経済的関所」は、信長以前に廃止されつつあった

では、経済的な関所については前時代同様で、変化がなかったのだろうか。

どうやらそうではなさそうだ。

黒田基樹氏は「大名領国における関所は、それ以前に比べるとはるかに少なく、おおよそ領国境目か、領国内の交通上の要地に限定されていた。それ以前において存在が確認されていた関所が、戦国大名領国ではみられなくなっている事例はかなり多い」と論じ、小田原北条氏の例をあげている。そして「中世的関所の撤廃については、織田信長が先駆けて行ったといわれることが多いが、これまで見てきたように、誤りであることがわかる」（『戦国大名　政策・統治・戦争』平凡社新書）と断じている。

そうなると、教科書の記述が間違っていて、いまの中高生は間違った内容を教わってい

るのだろうか。

そう考えるのは、早とちりである。

教科書には、関所を信長がほかの大名に先駆けて廃止したとは書いていない。

先述の『改訂版詳説日本史B』も「関所の撤廃を征服地に広く実施」したとあるだけだし、中学校の教科書にも「関所を廃止して自由な交通を可能にし」(『社会科中学生の歴史日本の歩みと世界の動き』帝国書院　二〇二一年)と書かれており、ほかの教科書も同様である。

「そうか、最近の教科書は、現在の研究成果が反映されて記述が変わったのだ」

そう思うのも、これまた誤りなのである。

手許に、昭和五八年発行の教科書がある。そこには信長の交通政策について、次のように記されている。

「関銭目当てに設けられていた各地の関所を廃止し、また道路の修理や橋梁など交通施設を整備して」(『詳説日本史』山川出版社)

やはりどこにも、信長が関所撤廃の先駆けとは書いていない。

それだけではない。この教科書には、こんな記述もあるのだ。

「（戦国大名の）領国内部では道路も改良され、関所も領国外との境界にあるもの以外は撤廃されて、かつての荘園制度下のせまいわくをやぶった経済圏が成立するようになった」

このように、関所の撤廃は信長の専売特許ではなく、すでに戦国大名がそうした動きを見せていることを明記している。つまり、信長が関所の撤廃を他大名に先駆けておこなったというのは、メディアが私たちに植え付けた虚像にすぎなかったのである。

◉信長の先進性は「関所の全廃」にある、という事実

ただ、信長の関所撤廃政策は、かなり徹底していたところに特徴がある。

信長について書かれた史料『信長公記』（太田牛一著）によれば、信長は世の中のため、領国に多く存在し通行や商売の障害になっていた関所を撤廃したので、貴賤一同、大いに喜んだとある。実際、信長は領国や占領地の関所を全廃している。

京都の七口関はそのまま残したものの、池上裕子氏は、こうした関所全廃政策は「商人・運輸業者の利益となり、都市の発展にもつながる。関銭収入に依存していた領主には打撃であった。ほかの戦国大名には、分国内の関所を全部廃止するという政策はなく、特定の商人等に関銭・諸役免除の特権を与えるにとどまった」（『人物叢書　織田信長』吉川弘文館）として、信長の「特定の御用商人だけでなく、すべての人を対象に自由な通行を保障する

という政策は画期的なもの」（前掲書）と高く評価している。

もう一度言おう。

戦国大名たちは、中世の特徴である経済的関所の廃止に動きだしていた。ゆえに信長が関所撤廃の先駆とはいえない。しかしながら、関所の撤廃を徹底したところに、彼の政策の斬新さがあったのである。

いずれにせよ、この政策は豊臣秀吉に受け継がれ、交通を阻害してきた経済的な関所の多くは消滅した。とはいえ、近世になっても全滅したわけではない。それについては詳しく次章で見ていこう。

三章

近世の関所から日本史を読みとく

鉄砲、女、手負いの者…はどんな「関所手形」で通過したか

江戸時代の交通制度と関所の実態

◉五街道が整備され、宿場、飛脚制度が整えられた

江戸時代は、二六〇年以上続いた平和な時代であった。それは徳川家康に続く、秀忠、家光の三代将軍の時期に、幕藩体制と呼ばれる支配の仕組みがしっかり構築されたからだ。幕府は、武家諸法度、禁中並公家諸法度、寺院法度などの法令で、外様大名や朝廷、宗教など政権を危うくする勢力を徹底的に押さえつけた。とくに大名については参勤交代を義務化し、将軍に対する忠誠を要求した。原則、一年交替で大名は江戸と国元を往復しなくてはならなくなったのである。

これに伴って交通制度が急速に整備され、宿場町も生まれて繁栄していった。もちろん、街道沿いの重要な場所には関所も設置された。そこでまずは、江戸時代の交通システム、そして関所の仕組みについて概観しよう。

幕府は、江戸の日本橋を基点として重要な幹線道路である五街道（東海道・中山道・甲州道中・日光道中・奥州道中）を整備し、当初は道中奉行がこれを管理した。

それに伴い、脇街道（脇往還）と呼ばれる主要道路が発達していく。誤解されやすいが、

近世の交通網

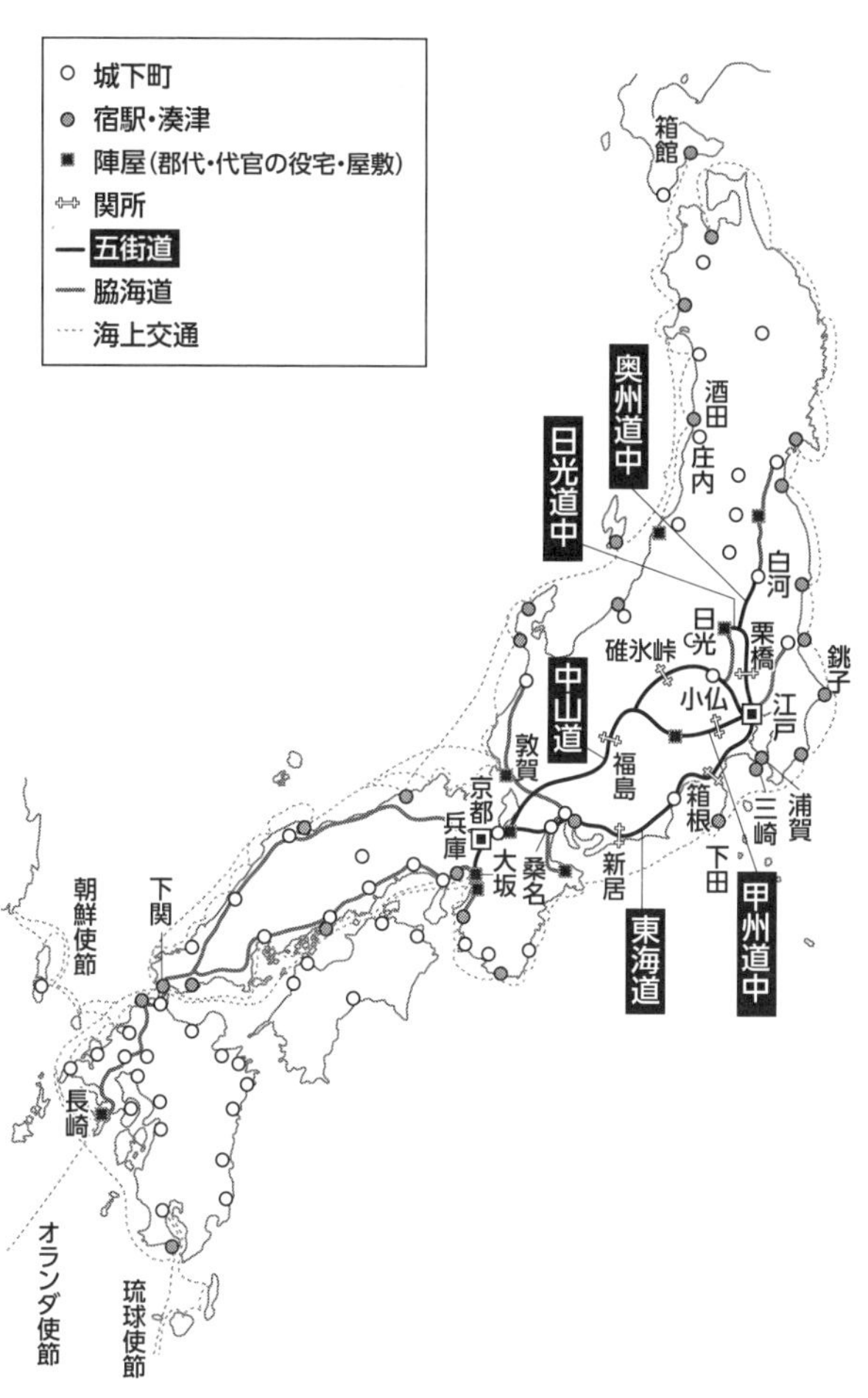

城下町
宿駅・湊津
陣屋(郡代・代官の役宅・屋敷)
関所
五街道
脇海道
海上交通
箱館
酒田
庄内
奥州道中
日光道中
白河
日光
栗橋
碓氷峠
中山道
小仏
江戸
銚子
敦賀
福島
京都
兵庫
大坂
桑名
箱根
新居
三崎
浦賀
下田
東海道
甲州道中
朝鮮使節
下関
長崎
オランダ使節
琉球使節

これは単なる〝脇道〟ではなく、五街道に匹敵する大きな道路である。脇往還の代表的なものが、伊勢街道、北国街道、中国街道、長崎街道である。

こうした大街道には、二〜三里おきに「宿駅」（宿場）がおかれた。

宿駅には「問屋場（といやば）」といって、役人が人馬の差配や公用の書状・荷物の継ぎ送りにあたる施設があった。幕府公用の「継飛脚（つぎびきゃく）」は、通常二人一組で書状や荷物を運んだ。「無刻（むこく）」という超特急便だと、江戸―京都間をわずか六〇時間程度で走りぬけたという。

飛脚（通信機関）は継飛脚のほか、大名も「大名飛脚」を持つようになり、のちに民間の「町飛脚」も発達し、書状や金銀、小荷物を扱う飛脚問屋ができていった。やがて江戸と京都・大坂を月に三度往復する「三度飛脚」なども登場する。

宿駅には、幕府の役人や参勤交代の大名、公家が利用する宿泊施設（本陣（ほんじん）・脇本陣）が設置され、街道はこうした幕府の役人や大名たちの通行が最優先された。これを「御用通行」といい、東海道の宿駅には、公用で使われる人馬が一〇〇人・一〇〇頭、中山道は五〇人・五〇頭、他の五街道には二五人・二五頭が常備されていた。

それでも足りないときには、沿道の村々から税として徴発した。これを「伝馬役（てんまやく）（助郷（すけごう）役）」と呼び、公用として人馬が徴発される際、無料か一般の半額程度しか賃銭が支払われず、沿道の村にとっては伝馬役は重い負担となった。

やがて宿駅周辺には、一般旅行者が泊まる旅籠（食事付きの旅館）や木賃宿（素泊まりの宿）、食べ物屋や土産屋などの店が並び、宿場町が形成されていった。農民などもお伊勢参りといった寺社参詣の旅に、一生に一度は出向くようになり、宿場町はそんな旅行者たちで活気を帯びるようになる。

東海道には品川—大津間に五三宿、さらに大津—大坂間に四宿。中山道は板橋—守山間に六七宿あった。

一里ごとの道しるべである一里塚や、関所、橋、渡船場などの施設も整えられていった。ただ、軍事的な観点から大井川や天竜川などにはあえて橋を架けなかった。これもある意味、関所の機能を果たしており、別項で詳しく触れようと思う。

◉江戸時代、関所はいくつあったのか？

幕府は、こうした交通制度を整備するとともに、関東地方を中心に街道上に関所を設置した。その第一目的は、将軍のお膝元である江戸を防衛するためである。

とくに大名の反乱を防ぐ意図から、関所では「入鉄砲出女」を厳しく取り締まった。江戸に入る鉄砲などの武器類、江戸から出ていく女性である。大名らが武器を大量に運び入

東海道と中山道

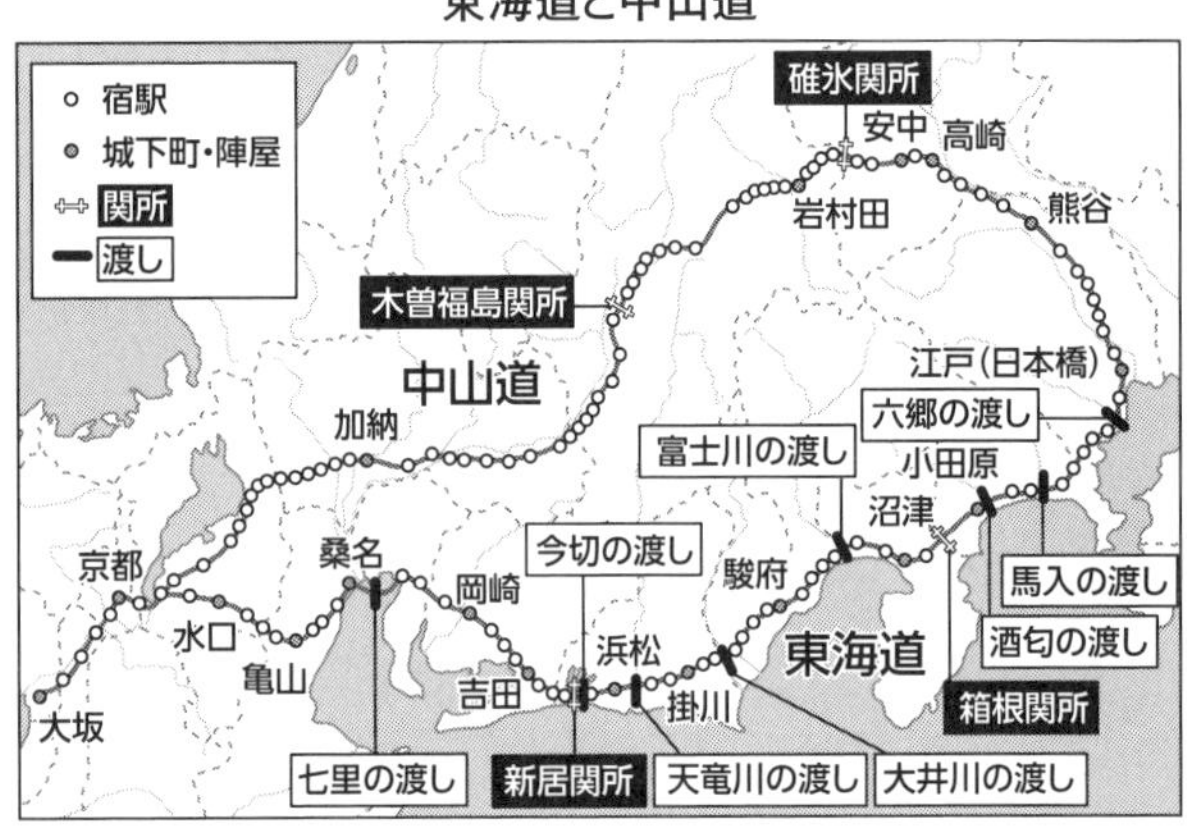

れて謀反を起こすことを防ぎ、かつ、実質的に人質になっている大名の妻女を国元へ逃がさないようにしたのである。

同時に、私的な関所を設けることを厳禁し、設置権は幕府が独占することも明らかにした。

主な関所としては、東海道の箱根や新居（今切）、中山道の碓氷や木曽福島、甲州道中の小仏、奥州・日光道中の栗橋（房川渡中田）などがあった。では、全国に関所はいくつ設置されたのか。

実は、五四、五三、四〇、二三、一五など、記録によってバラバラなのである。しかも「口留番所」を関所に含めるかどうかについても、研究者のあいだで議論がある。

口留番所というのは、主に国境や藩領の出入り口に幕府や諸藩が設置した施設である。

近世の関所一覧（●…最重／◎…重／○…軽）

関所名	所在地	重軽
房川渡中田	武蔵国葛飾郡	◎
金町・松戸	武蔵国葛飾郡	◎
小岩・市川	武蔵国葛飾郡	◎
小仏	武蔵国多摩郡	◎
新郷・川俣	武蔵国埼玉郡	◎
上恩方	武蔵国多摩郡	○
上椚田	武蔵国多摩郡	○
桧原	武蔵国多摩郡	○
中川	武蔵国多摩郡	○
箱根	相模国足柄下郡	●
根府川	相模国足柄下郡	◎
河村	相模国足柄下郡	○
谷蛾村	相模国足柄上郡	○
仙石原	相模国足柄上郡	○
矢倉沢	相模国足柄上郡	○
鼠坂	相模国津久井郡	○
青野原	相模国津久井郡	○
関宿	下総国葛飾郡	◎
大戸	上野国吾妻郡	◎
大笹	上野国吾妻郡	◎
猿ヶ京	上野国吾妻郡	◎
杢ヶ橋	上野国群馬郡	◎
五料	上野国那波郡	◎
碓氷	上野国碓氷郡	◎
南牧	上野国甘楽郡	○
西牧	上野国甘楽郡	○
白井	上野国甘楽郡	○
狩宿	上野国甘楽郡	○
大渡	上野国群馬郡	○
真正	上野国群馬郡	○
福島	上野国那波郡	○
戸倉	上野国利根郡	○
木曽福島	信濃国筑摩郡	●
清内路	信濃国伊那郡	○
小野川	信濃国伊那郡	○
波合	信濃国伊那郡	○
心川	信濃国伊那郡	○
帯川	信濃国伊那郡	○
贄川	信濃国伊那郡	◎
市振	越後国頸城郡	○
関川	越後国頸城郡	◎
鉢崎	越後国頸城郡	○
山口	越後国頸城郡	○
虫川	越後国頸城郡	○
新居（今切）	遠江国敷知郡	●
気賀	遠江国引佐郡	◎
金指	遠江国引佐郡	○
劔熊	近江国高島郡	◎
山中	近江国高島郡	◎
柳ヶ瀬	近江国伊香郡	◎
鶴瀬	甲斐国山梨郡	○
万沢	甲斐国巨摩郡	○
本栖	甲斐国八代郡	○

児玉幸多編著『日本交通史〈新装版〉』（吉川弘文館）参照

その仕事だが、特定の品物や作物の移出入、とくに領内からの移出を禁じたり、制限したりした。これを「津留」と呼ぶ。また、中世の関所同様、移出入の際に税をとることもあった。この点、私たちがイメージする江戸時代の関所とは異なるが、いっぽうで口留番所は、関所同様に人の出入りをしっかりチェックした。

そういった意味では、関所とほぼ同じ機能を果たしているわけで、関所の簡素なものが口留番所だと理解してもよいだろう。

先に幕府は関所の設置権を独占したと述べたが、くり返しになるが、戦国以来、大名領の境界におかれていた関所は口留番所と名を変え、そのまま人の出入りを勘過（よく調べて通すこと）していた。

幕府の直轄領である天領もまた、しかりである。

たとえば飛驒国を支配する金森氏は、領内に口留（津留）番所を三一か所も設置していたが、「元禄五年（一六九二）に金森氏が転封して幕府領になると、幕府の代官の伊那氏が金森氏の旧臣を抱えて津留番所を継続させた」（渡辺和敏著『東海道交通施設と幕藩制社会』愛知大学綜合郷土研究所）ことがわかっている。

いずれにせよ、こうした口留番所を含めると、関所は膨大な数にのぼった。これに加えて、海や川に設けられた実質的な関所も存在した。そういった意味では、近世日本は関所大国であり、人びとの移動や物流は関所によって大きく阻害されていたといえるのである。

では、そんな江戸時代の関所は、どのような仕組みになっていたのだろうか。

箱根と新居に見る、江戸時代の関所システム

◉「天下の険」と謳われ、小田原藩が管理した箱根関所

江戸時代の関所と聞いて、最初に思い浮かぶのは箱根の関所だという人が多いだろう。有名な観光地であり、関所の建物なども一部復元されていて訪れる人が少なくないからだ。

箱根関所は、静岡県湖西（こさい）市におかれた新居（今切）関所と同じく、もっとも往来の激しい東海道におかれた関所である。では、いつ頃、このあたりに関所が設置されたかということだが、鎌倉時代の承久（じょうきゅう）三（一二二一）年、後鳥羽上皇が挙兵して承久の乱が勃発した際、幕府の重臣たちが「足柄関と箱根関を固めて敵を迎撃すべきか否か」を議論しているので、すでに箱根関が存在していたことがわかる。

ただ、現在の関所跡とは場所は異なったらしい。いまの地に関所がおかれたのは、江戸

「御上洛東海道」より。箱根関所を通過する大名行列が描かれており、関所の役人たちは土下座をして見送っている。

時代のことである。有力なのは元和四（一六一八）年説だ。

のちに「箱根の山は天下の険」と謳われるように、箱根越えは非常に骨が折れた。箱根関は東海道が屛風山と芦ノ湖にはさまれた狭隘な地におかれ、関所の外側には木柵がめぐらされており、関所を通らずして道を迂回できないようになっている。このように、険しい山と川・湖のあいだにはさまれた狭い場所に設置するのが関所の原則だった。

箱根関所には、常に二十数名の人びとが常駐した。関所の管理はすべて小田原藩にゆだねられていたので、関所にいる重職はみな小田原藩士である。最高責任者を「伴頭（番頭、関所奉行とも）」といい、定員は一名。毎月二日に小田原城からやって来ては、一か月交代で職務をになった。これを補佐し、同時に関所の仕事ぶりを監察するのが「横目付」である。

関所を管理する「番士」は四名ほどおり、やはり小田原藩士であった。三名が定員である「定番人」は、関所の近在に住み、侍身分ではないが世襲の役人だった。事務作業も含めて実質的に、彼らがいなければ、箱根関所は機能しなかったといえる。

このほか、関所の建物の点検や掃除、周辺の警備など雑務にたずさわる足軽・中間が十数名ほど働いていた。また、女性の通行を取り締まる人見女（改め女）がいた。その働きぶりについてはのちに詳しく述べるが、この人見女は、関所の近くに住む農村の女性であった。

◉最初は幕府の直営だった新居関

以上は、あくまで箱根関の例である。新居（今切）関は箱根宿と異なり、当初、幕府の直営だった。新居関は箱根関より早く、慶長六（一六〇一）年に設置されたといい、江戸から関所奉行とその家来二名、さらに与力二騎と同心六名を派遣して運営にあたらせた。奉行が二名のときは、隔年で勤務させた。

ところが、およそ一〇〇年後の元禄一五（一七〇二）年、幕府は三河国吉田藩に新居関の管理・運営を一任したのである。ただ、いきなり任せられても関所を運営できないため、

「東海道五十三次」より新居（荒井）関所。建物の前には三道具（右から袖搦、刺股、突棒）が立てかけてある。

新居関を運営していた幕府の与力や同心七名を吉田藩士としてもらい受け、彼らに代々、関所の運営をさせた。なお、この頃の記録によれば、関所には町奉行や者頭（ものがしら）を筆頭に五七名の人びとが詰めていたことがわかっている。

ちなみにこの新居関だが、江戸時代に三度移転している。

元禄一二年に最初の場所から二〇〇メートルほど西へ移したが、これは暴風雨や津波のせいだとされる。ところがわずか八年後、宝永（ほうえい）地震のため新居関は大津波の被害にあい、建物が倒壊してしまった。このとき周辺の新居宿も壊滅的な被害を蒙（こうむ）り、二四名の犠牲者が出たという。そこで翌年、現在の関所跡へ移動したのである。

◉関所が行うべき仕事とは

では、具体的に関所では、どんな仕事をするのだろうか。

幕府は寛永二（一六二五）年、すべての関所に対し、次の三か条の定書を高札（木製の板）として所内に掲げさせた。原文だとわかりづらいので、現代的な表現や補足もまじえてわかりやすくしたものを紹介しよう。

一、往還の輩、番所（関所）の前にて笠や頭巾をぬがせ、相通すべきこと。

一、乗物にて通り候者、乗物の戸を開かせ、相通すべし。女乗物は、女に見せ通すべきこと。

一、公家、御門跡、そのほか大名衆、前廉（事前）よりその沙汰（連絡）、これあるべく候、改むるに及ぶべからず。ただし、不審のことあらば、格別たるべきこと。

右、この旨を相守るべきものなり。よって執達くだんのごとし。

関所では、街道を通ってきた人びとをその前にとどめ、笠や頭巾を脱がせたうえで、「面番所」と呼ばれる建物前に通し、チェックしたのちに通過させた。乗物に乗って通過する高い身分の人については、乗物の戸を開かせ、顔を確かめたうえで通している。女性の場合は、それ専門の女性（人見女）に改めさせた。これについてはのちに詳しく記そう。

なお、公家や皇族や公家の僧侶、大名などについては、前もって関所を通過する旨の連絡があれば、ノーチェックで通過させた。ただし、怪しいと関所役人が判断した場合は、臨検してもかまわなかった。

関所の内部はどのようになっていたのか

◉関所に入る者は、まず武器や面で脅された

関所は明け六つ（朝六時）から暮れ六つ（夕方六時）までしか開いていなかったので、通過するためには原則、この時間内に関所に入る必要があった。

それでは、関所のなかへ入っていこう。東海道の箱根関所の場合、切妻（きりづま）型の五メートルを超える厳（いか）つい門から関所内に入る。門は柿の渋と松の墨を混ぜた渋墨（しぶずみ）が塗られているので真っ黒だ。東海道の東西から旅人が入ってくるので、関所には江戸口御門と上方（京）口御門の二つがある。

箱根関所図

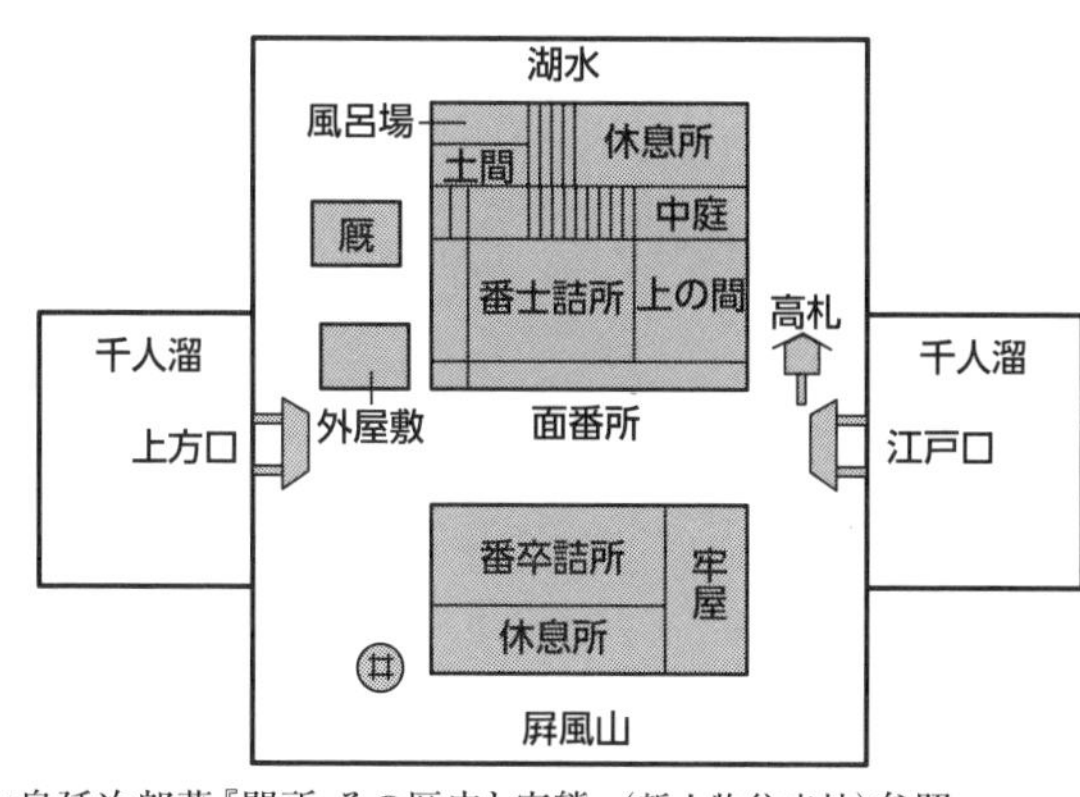

大島延次郎著『関所 その歴史と実態』（新人物往来社）参照

門前には「千人溜（せんにんだまり）」という待機広場があった。ここで順番がくるまで待ち、敷地内に入る。たとえば江戸口御門から入ると、すぐ右手に巨大な高札場があり、関所の規則や幕府の法令などの高札が何枚も掲げられ、また鎗（やり）など恐ろしげな武器が立てかけられていた。

ちなみに東海道の新居（今切）関所には、大御門（正門）に入る手前・西側の枡形（ますがた）に、やはり巨大な高札場が設けられていた。江戸時代には幕府の法令を周知徹底させるため、人の往来が多い場所にはこうした高札場が造られ、大小さまざまな高札が掲げられていたのだ。

復元された新居関の高札場には、現在、八枚の高札がかかっている。儒教道徳にもとづいて家族が仲良くすること、家業に専念すること、博打、人身売買、喧嘩などの禁止、密告の奨励などを記した「親子忠孝札」、人馬で運べる荷物の重さなどを記した「人馬貫目札」、火事の対応や放火の厳罰を記した「火付札」、キリスト教を禁じる「切支丹(きりしたん)札」などがあるが、ユニークなのが「毒高札」である。

文字通り、毒薬売買の禁止が最初に記されているが、それだけではない。偽薬の売買禁止、偽金(にせがね)の鋳造(ちゅうぞう)禁止、徒党の禁止、さらに怪しい書籍の販売、品物の買い占めや職人の手間賃の値上げの禁止など、その内容は多岐にわたっていて興味深い。

なお、箱根関所の敷地には、入母屋(いりもや)造りの平屋でトチ葺きの足軽番所（約15×9メートル）には、般若の面が二つかかっていた。つまり、訪れる者を威圧しているのだ。

もちろん武器は単なるこけおどしではなく、反乱などが起こった場合は門を固く閉ざし、番人たちが武器をたずさえて街道を封鎖することになっていた。

●どんな武器がどのくらい装備されていた?

では、関所にはどれくらいの武器が装備されていたのか。

箱根関所には、鉄砲一〇挺(ちょう)、弓五張(はり)、長柄槍(ながえやり)一〇本、大身(おおみ)槍五本が常備され、さらに関所破りや不審者を捕縛するため、三道具一組と寄棒一〇本が用意されていた。三道具とは突棒(つくぼう)、刺股(さすまた)、袖搦(そでがらみ)のことである（112頁の図）。

通常は鉄砲に火薬や玉は入っておらず、弓があっても矢を準備していないなど、こけおどしの意味が強かったが、有事には用を為したろう。とはいえ、あまりに数が少ない。

ほかの関所についても見てみよう。

中山道の木曽福島関所の元禄一六（一七〇三）年の記録によると、こうある。

「着込み十人分、弓五張、鉄砲二十挺、鎗十五筋、手錠五つ、早縄十筋、突棒二本、刺股一本、ひねり一本、手木一本」（木曽福島町教育委員会編『木曽福島町史　第一巻〈歴史編〉』より）。

鉄砲や鎗（槍）の数は箱根関所よりも多い。

同じく中山道の碓氷関所は、鉄砲一〇挺、長柄一〇筋、鎗三本、三道具二組などとなっており、関所によって多少の違いはあるが、数百人の武装集団が侵入してきたら、ひとたまりもなかったろう。そうした意味では、大規模な反乱には対処できなかったと思われる。

◉面番所、女改長屋、船会所…関所に備えられた施設

通行人や旅人は、順番が来ると、鉄砲や弓などの武器がずらりと立てかけられた「面番所」という細長い建物の前に通された。新居関所跡（約108メートル四方の敷地）には、江戸時代唯一の面番所が現存している。関所の主家といってよいだろう。

入母屋造り瓦葺きの長方形の建物で、東西約二〇メートル、奥行き約一一・五メートル。

建物の東南側には、約一メートルの縁側がずっと続いている。縁側から見える屋内は、東から向かって上之間、中之間、次之間に区切られている。ここに番頭や改役、同心といった関所の役人たちがずらりと並んでいるのだ。

旅人をチェックする部屋だけではなく、書院や台所、同心や下役の待機室などもあった。このほか関所の敷地には、土蔵、荷物改所、女改之長屋、井戸、船会所（船会頭所）などが備わっていた。船会所とは、船を管理する役所のことである。

関所にこのような施設があるのを不思議に思うかもしれないが、実は新居関所は、東海道を東（江戸方面）へ向かうには渡船を利用しなくてはならなかった。そのため所内に船会所がおかれており、建物には船頭がいて渡船作業をおこなっていた。関所を通過して江戸方面に向かう旅人も、この関所に隣接する渡船場からそのまま船に乗ったのである。

手形は必須？ 一般男性が関所を通過する方法

◉「往来手形」と「関所手形」は別物だった

では、関所に入った旅人たちは、どのように通過していったのだろうか。女性は特殊なので、まずは男性の場合について述べていこう。

関所内はけっこう混雑していて、入ってからもしばらく待たされることが多かった。いよいよ、呼び出しを受けると、面番所の前へと向かう。関所の役人たちが縁側奥の部屋にずらりと並んでいるのがはっきり見えてくると、笠や被りものを脱ぎ、手前で下座する。『東海道絵巻』(郵政博物館蔵)などを見ると、刀は差したままになっている。

さて、関所を通過するときには「関所手形」を見せる必要があると思っている読者も少なくないと思うが、実は、男性には関所手形(証文、切手とも)は必須ではなかった。とはいえ、江戸時代の人びとが旅行や出張する場合、「往来手形」のほうは原則必要だった。

そう、関所手形と往来手形は違うものなのである。

往来手形のほうは、いまでいう免許証や保険証、パスポートなど、いわゆる身分証明書にあたるものといえる。往来手形には、名前と住所と年齢、旦那寺(だんなでら)、旅行の目的、「横死した場合、どこに連絡し、どんな葬り方をするか」といったことが記載されていた。

往来手形の発行元は、農民や町人の場合、村の名主(庄屋)や町の家主、旦那寺、あるいは奉公先や勤め先の主だった。藩士は、藩庁から発行してもらった。

往来手形は身分証であるとともに、旅の途中で万一のことが起こったとき、保護を受けるためのものであったのだ。

いずれにせよ、関所手形と往来手形は別物なのである。

◉旅籠による関所手形の販売が黙認されていた!

ところで研究者の渡辺和敏氏は、関所手形について次のような指摘をしている。

男性は「制度的には関所手形は不要であった。しかし通過する際に関所役人から厳しく取り調べられることもあるので、居住地の名主や旦那寺、時には関所近くの旅籠屋などで関所手形を書いてもらったり、自分で書いたりすることもあった」(『東海道交通施設と幕藩制社会』愛知大学綜合郷土研究所)。

なんと、関所手形を関所近くの旅籠に作成してもらったり、時には自分で勝手に書いたりしたというのだ。

とくに、関所近くの旅籠屋や茶屋が関所手形を発行していたことに関して、渡辺氏は、「関所では男性の通行に関所手形が不要であるが、関所近在の旅籠屋などが故意に誤った情報を流して旅行者から金銭を集めていたのかも知れないし、実際に購入した関所手形を見せることにより関所の取調べが簡単に済んだ可能性もある」(前掲書)と記している。

男性の「往来手形」(上)と「関所手形」(下)。往来手形は旅に出るときに必須だったが、関所手形は制度的には不要だった。(箱根関所蔵)

これもすごい話である。とらえかたによっては、関所の役人が近隣住民と結託しておこなった詐欺(さぎ)まがいの商法ではないか。

これについて渡辺氏は、「関所側が、すでに慣例化しつつあった近在の人々による旅人への関所破りの斡旋(あっせん)を止めさせるため、暗に関所手形の販売という特権を付与していた可能性も否定しきれない」(前掲書)と推測している。

のちに詳しく述べるが、江戸時代も後期になると、組織的に関所の近隣住民が関所破りに加担していたことがわかっている。

くり返しになるが、男性には関所手形は必要ない。とはいえ、関所の通過がフリーパスだったということではないので、勘違いしないでいただきたいのだ。

◉普通は名前を聞かれるだけで通過できたが…

上段の間に座る関所役人に面通しをされて、通常は名前を聞かれる程度で解放されたが、おかしいとにらまれたら最後、しつこくチェックされた。やはり、関所の役人たちは毎日多くの人間を見ているので、怪しい者はすぐに嗅(か)ぎつけられてしまうのだという。

ならば、整備されていないとはいえ、脇道や細道はあったろうし、山中や原野へ入り、道なき道を行き、関所を通らないこと(関所破り)も可能だったのではないか――。そう思うかもしれないが、それはなかなか難しかったのである。

関所の付近には、人が乗り越えられぬような木柵が張り巡らされ、関所近辺の地域は要害区域と認定され、頻繁に関所役人が一帯を巡回していた。また、近隣にすむ村人たちにも監視を命じ、怪しい者があればすぐさま通報させるシステムが構築されていた。

脇道を通行するのも不可能だった。主だった脇の街道にも関所が設けられたからだ。これを「裏関所」と呼んだ。たとえば箱根関所だが、仙石原（せんごくばら）、根府川（ねぶかわ）、矢倉沢（やぐらざわ）、川村、谷ケ（やが）村の五つの裏関所が、箱根関所付近の主要な脇道に設置されていた。

根府川関所の審査は箱根関所に準じていたが、「矢倉沢関所では、女性は小田原藩領内の者だけを同藩家老の証文で通し、それ以外の女性の通行を禁止し」「川村・谷ヶ村・仙石原の三関所は、他国からの男女の往来を一切通さ」（前掲書）なかったのである。かなり厳しい。

しかも箱根関所と同じように、関所周辺を木柵で囲み、役人たちが要害区域を巡回した。こうした関所網をかいくぐって、箱根を越えることは非常に困難だった。

ただし、地元の人びとの協力があれば、これまた話は別である。実際、江戸後期になると、関所破りが散見されるようになるが、それについては別項で詳しく記そう。

鉄砲と大名、そして〝普通でない者〟が関所を通過する方法

◉入鉄砲は、幕府の品でも手形が必要だった

関所では「入鉄砲出女」を厳しく取り締まったわけだが、関所において江戸へ入る鉄砲はどのように検閲されたのだろうか。

チェックされたのは鉄砲だけではなく、銃弾や火薬はもちろんのこと、弓矢や鎗もその対象だった。刀や脇差しはその対象外である。いうまでもなく、鉄砲や鎗などの武器を所持しているのは圧倒的に大名や旗本などが多かった。

江戸から出る鉄砲などの武器は検閲を受けなかったが、江戸に持ち込む鉄砲類については、その種類、数、持ち主、運び込む場所などを事前に申請し、幕府の老中に「鉄砲手形」を作成してもらう必要があった。

鉄砲手形は、申請者（大名など）が幕府に提出した申請書に老中が裏書きを与えて手形とするものと、申請を受けて改めて鉄砲手形を作成するパターンがあった。その形式ははっきり定まっていないが、申請書付の裏書きがある鉄砲手形のほうが内容は細かく記されている。また、御三家などは特別扱いだったのか、手形は極めて簡略化されている。

たとえば「水戸の黄門様」として知られる徳川光圀が、延宝二（一六七四）年に京都から鉄砲一挺を江戸に持ち込む際の手形は、以下の通りである。

覚　水戸宰相殿鉄炮壱挺　従京都江戸江被取寄候、関所無相違可被相通候、板倉市正断付而如此候

以上　延宝二寅　十一月十四日　播磨㊞　但馬㊞　大和㊞　美濃㊞

中根平十郎殿

（『館蔵図録Ⅰ　関所手形』新居関所史料館）

なお、幕府が鉄砲を産地から大量に取り寄せる際にも、きちんと鉄砲手形が発行された。文化七（一八一〇）年には、幕府が近江国国友村から二一一挺ほど移入したが、なんと鉄砲手形の期限が過ぎてしまっており、新居（今切）関所で一四日間も足止めされた記録が残っている。幕府の品物といえども、容赦しなかったのである。

ただ、将軍の名代や上使、京都所司代や大坂町奉行、その他の遠国奉行、また御三家の尾張・紀伊藩、家格の高い加賀藩については「置手形」が認められた。

彼らは赴任・参勤の際に江戸から鉄砲を持ち出すが、やがてまた江戸に戻ってくる。そ

のたびに老中から鉄砲手形を手に入れるのは面倒なので、江戸に戻ることが確実な鉄砲類については、あらかじめ鉄砲の数や玉、目的、戻る時期などを記入した手形（置手形）を関所に預け、帰途、関所を通過する際、提出しておいた手形と武器を照合するのである。

◉オランダ人に発行された鉄砲手形

前掲書によると、新居（今切）関所には、こんなユニークな手形も現存している。

覚　小鉄炮弐挺、阿蘭陀人　為献上参上之節持参候間、今切関所無相違可相通者也
享保五子十二月　和泉㊞　山城㊞　河内㊞　今切関所番中

これは、オランダ商館長が長崎から江戸に参府する際、幕府に献上するための小銃二挺を持ち込む際の鉄砲手形である。オランダ人は毎年江戸に来て将軍に挨拶しており、「享保五」とあるので、もしかしたら将軍吉宗がこの鉄砲を手にしたかもしれない。

なお意外なことに、東海道の新居関所ではこのように鉄砲手形と武器をしっかり照合したが、同じく東海道の箱根関所では、鉄砲改めはおこなわなかったという。すでに新居関所でしっかりチェックされているので必要なかったというが、箱根関所の裏関所である根

府川関所と矢倉沢関所では鉄砲改めを実施しているので、少々腑に落ちない。

参勤交代で江戸へ入る場合、大名は間違いなく鉄砲手形を所持したが、こうした大名行列が関所を通過する場合は、いきなり関所にやって来ることはない。

事前に大名は使者を関所に送り、通過する日時や人数を届け出る。その際、関所の役人は、その使者に対して改めて関所での決まり事（かぶり物を取る。大名の乗物の戸を開ける）を伝えることになっていた。

五万石以上の格式の高い大名が関所に入ってきた場合、役人たちは肩衣を身につけて下座して恭しく迎え入れた。御三家などの場合は、大名が駕籠の戸を開けないまま通過することもあったという。

なお、関所を通過するにあたって、大名は関所役人に対して、相応の音物（礼金）を与える慣例になっていた。これはやがて一般の旅人にも広まっていき、関所側にはかなりの役得があったのである。

◉「乱心手形」で箱根関所を通過した赤穂の武士

大名の通過というのは、関所にとって特別なことだったが、このほか「乱心、手負、囚人、首、死体」といった通常の通行でないものは手形が必要で、治安維持の観点から関所の役人たちは入念な検閲をおこなった。

本書を執筆するにあたって、箱根関所研究会編『東海道箱根宿関所史料集二』（吉川弘文館）を紐解いていたら、「山田弥一郎左衛門日記」に興味深い記述を見つけた。

この日記は、「万延元年（一八六〇）小田原宿本陣に生まれた片岡永左衛門氏が、その生涯を郷土史研究にささげ、自家の文書その他を収集・書写した、主として交通関係の史料」（前掲書）である「片岡文書」に収録されている。すべて写本であり、「山田弥一郎左衛門日記」の原本はないし、山田弥一郎左衛門という人物の詳細はわからない。ただ、箱根関所の役人だったことは間違いなさそうである。

さて、その記事は、「山田弥一郎左衛門日記」の元禄三（一六九〇）年一一月二三日の項目に載る。

この日、東海道白水坂の天蓋石（巨石）あたりで突然、国元の赤穂から江戸へ向かっていた浅野内匠頭の家臣・菅谷加兵衛が乱心し、いきなり若党の山本七左衛門に斬りつけ、逃げる七左衛門を追いかけていったのである。驚いた従者三名が箱根関所に駆け込んできたため、小頭の小林与次兵衛など関所の役人たちが足軽七名を召し連れて現場へ向かったところ、七左衛門は二か所ばかり怪我を負っていたので、畑宿の九郎兵衛家に保護した。

いっぽう、乱心した加兵衛は、七左衛門を箱根湯本まで追いかけて見失い、仕方なく近くの正眼寺に入って遺書を書き、切腹の支度を始めた。しかし、正眼寺の僧侶がいろいろ説得して刀を預かったところに、ちょうど役人たちが到着、加兵衛を駕籠で関所へ護送した。その後、本陣（浅野内匠頭の定宿（じょうやど））の川田覚右衛門のもとに連行し、手錠をかけて身柄を拘束したうえで、飛脚を送った。

三日後の二六日、浅野の江戸屋敷から加兵衛を受け取りに家臣たちがやって来た。話し合いの結果、手錠をつけたまま加兵衛を彼らに渡し、同時に従者四名や荷物も残らず引き渡した。赤穂藩士たちは加兵衛を「細引綱懸り之乗物」に乗せて連れ去ったのである。

それから約二週間後の一二月一〇日、「菅谷加兵衛事、乱心之御手形にて、昨日、御関所罷り登る（まかりのぼる）」とある。箱根から三日ぐらいで江戸に着くので、いったん江戸に戻ったのか、それとも箱根宿近辺で療養していたのかはわからないが、その後、「乱心手形」を幕府に作成してもらい、それを提示して加兵衛は箱根関所を通過したのだ。おそらく国元へ戻ったのだろう。

◉「浅野内匠頭はケチ説」を覆す後日談

一二月六日には、日記の著者である山田弥一郎左衛門に宛てて、浅野内匠頭の家老三人の連名で礼状が届いている。家老のうち、一人はのちに吉良邸討ち入りを成功させた大石（おおいし）内蔵助（くらのすけ）、もう一人は、御家取り潰しの際、早々に赤穂藩を見捨てて赤穂から去った大野九郎兵衛（くろべえ）だった。

山田弥一郎左衛門は二二日に礼状をしたためているが、それから三年後の一二月二〇日、浅野内匠頭の家来・安藤武兵衛が本陣の川田覚右衛門宅へ立ち寄り、菅谷加兵衛が逗留（とうりゅう）した際の礼を述べ、覚右衛門をはじめ正眼寺などに金銭を与えたことが記されている。

浅野内匠頭は非常にケチで、そのため吉良上野介からひどいいじめを受けたというが、義理堅いうえ、財布のヒモも固くないことがわかる。

いずれにせよ、乱心して斬りつけた家臣の後始末をきっちりつけた内匠頭が、それから数年後、みずから乱心かと思われる刃傷沙汰（にんじょうざた）を起こしたのは何とも意外に思える。

さて、特別な通行として、鉄砲、大名、乱心などを紹介したが、ユニークなのは芸人であろう。芸人は、関所手形がなくても通行できたのだ。ただ、その際に役人たちに芸を披露することを求められた。

歴史好きな方は、このエピソードを耳にしたことがあるはずだ。先に見たように、男性の場合、関所を通過するのに関所手形は必須でなかったし、怪しくなければ、名前を聞かれる程度で通関できた。なのに、なぜわざわざ彼らに芸をさせるのか。
一説には、関所役人たちの退屈しのぎだったといわれる。ちょっと驚きだ。

男性には不要だった関所手形が、女性には必須だったわけ

◉女手形には何が書かれていたのか

いっぽう女性が関所を通過する場合は、往来手形のほか、関所手形が必要だった。この女性の関所手形を「女手形」と呼ぶ。

これから『館蔵図録Ⅰ　関所手形』（新居関所史料館）、渡辺和敏著『東海道交通施設と幕藩制社会』（愛知大学綜合郷土研究所）、丹治健蔵著『東海道箱根関所と箱根宿』（岩田書院）などを参考にしつつ、女手形がどのように発行され、実際に使用されていたのかを見ていこう。

女手形は、江戸時代の元和(げんな)期（一六一五～二四年）にはすでに存在していたことがわかっている。渡辺和敏氏によれば、元和元（一六一五）年九月のものが最古だとする。

以下、それを紹介しよう。

女六人、厩橋より三州迄参候、是ハ西尾丹波御理候間、無相違可通候、以上、
卯九月七日　彦九兵衛 ㊞ 新井
（『東海道交通施設と幕藩制社会』）

この女手形は、六人の女性が上野国厩橋から三河国へ向かう際、幕府の代官である彦坂九兵衛光正が、新居（今切）関所に対して発行した女手形である。渡辺氏は、上野国群馬郡に知行地を持っていた西尾丹波守忠永が、自らの出生地である三河国西尾に女たちを赴かせるため、幕府に依頼したのではないかと推察している。

ただ、この時期にはまだ女手形の形式がしっかり定まっていない。のちに女手形には、通過する人数、乗物の有無、出発地と目的地に加え、「禅尼・尼・比丘尼・小女・髪切の区別を明記しなければならな」（『館蔵図録Ⅰ　関所手形』）いということになった。

といっても、いま述べた女性の区別がわかりにくいので、簡単に補足説明しよう。

まず禅尼だが、これは夫を亡くした後家や姉妹などで髪を剃り落とした女性をいう。尼は、普通に剃髪した女性のこと。比丘尼とは、伊勢上人（伊勢国宇治山田の尼寺・慶光院の住職）や長野善光寺の弟子、あるいは身分の高い人物の後家の使用人、そのほか熊野比丘尼などの女僧。髪切とは、髪の長短によらず、髪の先を切りそろえている女性。小女とは

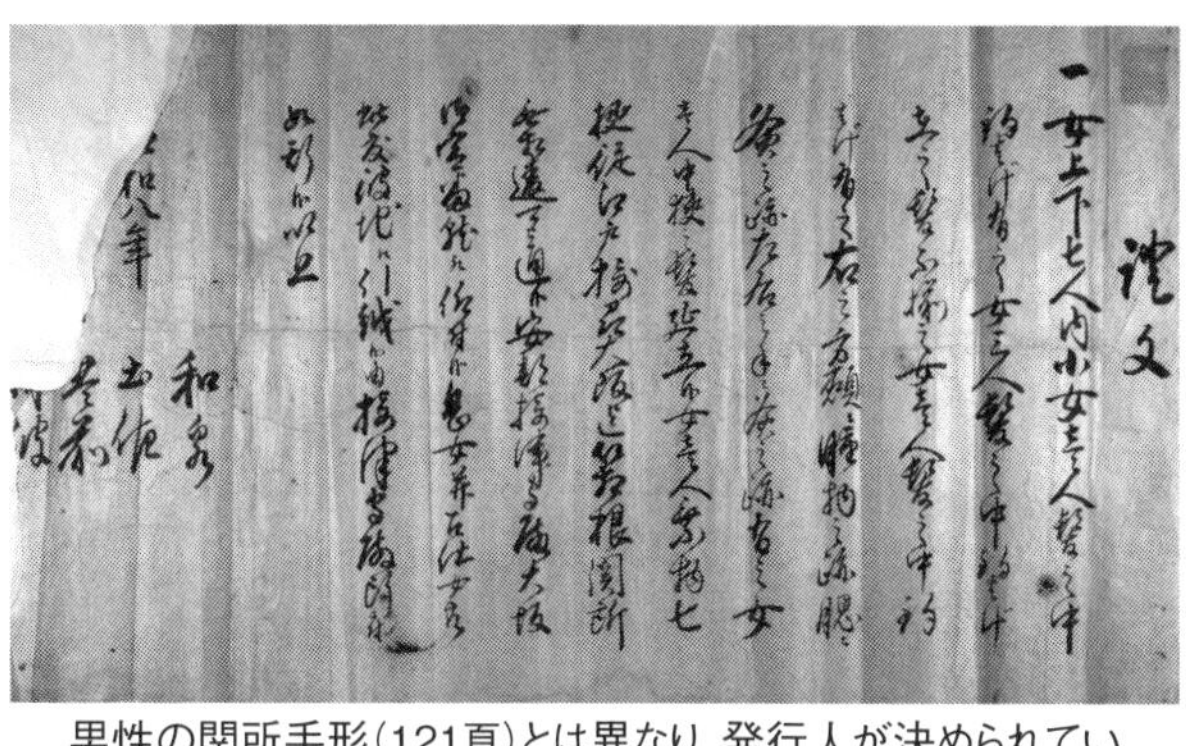

男性の関所手形（121頁）とは異なり、発行人が決められていた女手形。有効期限は長くても2か月だった。（箱根関所蔵）

一五、六歳までの振袖を着ている女子のことをさす。

ただ、当初は女性の個人的なことを書き込むことは少なく、もし書き入れたとしても、怪しい者ではないとか、人身売買の対象ではないといった程度であった。しかし、寛政八（一七九六）年からは、貴賤関係なくすべての女手形に、通過する者の身分を書き入れることになったのである。

◉「出女」「入女」とも手形が必須だった

では、誰が女手形を発行したのか。

新居関所の場合、東海道を東からやってくる女性（出女）は、江戸から出立する場合、幕府の留守居役が女手形を発行した。駿河国からの女手形は駿府町奉行、遠江国からは浜松藩主（のち横須賀藩主か掛川藩主）が発行すると定められ、それ以外の手形は関所では通用しなかった。

ただ、留守居役などの発行権者が、一から女手形を作成することはそれほど多くない。必要事項が記された申請書（武家の女性なら所属している藩庁や家老、庶民なら名主や家主、旦那寺が書く）に、発行権者が裏書き・押印して女手形とするのが一般的だった。

また、女手形には有効期限があった。発行した日から翌月晦日までだ。つまり、長くても二か月しかない。それを超えたものを「三か月越し」と呼び、再発行してもらう必要があった（参詣の旅についてはのちに日数が延長された）。

江戸方面から関所を通って西へ向かう女のことを「出女」と呼ぶが、江戸幕府は出女を非常に厳しく臨検したことがわかる。くり返しになるが、それは謀反をたくらむ大名の妻子などが密かに逃亡してくる可能性があるからだ。

では、地方から江戸へ向かう女性（入女）については、どのように対処したのだろうか。女性の通行を許している関所は、この「入女」についても、女手形の提示を求め、しっかり検閲することが多かった。

入女の手形については、その女性が居住する地域によって、発行者はきちんと定められていた。京都所司代、京都町奉行、伏見奉行、大坂町奉行、奈良奉行などが発行権者だったが、「尾張・紀伊国や加賀・能登・越中から下る女性の手形についてはそれぞれの領主の家来に発行権があった」（『館蔵図録Ⅰ　関所手形』）という。

さて、江戸にいる大名の妻子や母が逃亡するのを防ぐため、「出女」を厳しくチェックしたのはよく理解できる。が、大名の統制策とは無縁なのに、どうして「入女」の通過まで幕府は規制したのだろうか。

さらにいえば、新居関所では「関所周辺の女性が一旦関所以東へ旅立ち、期限内に再び帰っていることが明らかな場合に限って、関所奉行が手形を発行していた。こうした手形を『通手形（かよいてがた）』といった」（『館蔵図録Ⅰ　関所手形』）とあるように、新居関では関所の近隣に住む女性についても、関所を越えるには女手形を必要とした。素姓や身元ははっきりわかっているのに、だ。

このため「関所所在地の新居宿では、関所を隔てた浜名湖（今切渡船路）対岸の村々との縁組はほとんど皆無であった」（『東海道箱根関所と箱根宿』）ことが判明している。

◉なぜ幕府は、女性の移動一般に目を光らせたのか

このように江戸幕府は、江戸から出ていく女性を関所に監視させるだけでなく、なんと女性一般の移動を関所によって強く制限していたわけだ。いったいなぜか。

その理由の一つは、各地域の人口を維持するためであった。地域の女性が他所へ移動し

てしまえばどうなるか。子供を生むのは女性ゆえ、当然、結果として人口は減ってしまう。それが農村であれば、農業生産力にも影響をおよぼすだろう。だから幕府や諸藩は、女性を土地にしばりつけようとしたのである。

これに加えて渡辺和敏氏は、幕府が元和年間に人身売買を禁止したにもかかわらず、一七世紀後半までの借金証文に、借主が貸主に対して自分の女子を取られ、売ってもかまわないという「人身売買に関連するような文言が書かれた」ものが「各地に多く残っている」こと、さらに女手形の文中に「売買もの」ではないという記述が散見され、「逆に社会的に『売買もの』も存在していた可能性」を指摘し、関所が大名の妻子（人質）の逃亡の防止や人口減少の防止に加え、女性の人身売買を検閲する機能があったのではないかと論じている。

女手形には、発行者の印を押すことになっていた。だから各関所には、幕府の留守居役や京都所司代などの発行者の印影（判鑑）がすべて保管されてあり、通過時に、女手形の印形との照らし合わせがしっかりなされた。印の擦れなども含めて入念なチェックだったという。

さて関所に提出された女手形だが、そのまま回収して「発行者や手形の種類ごとに区別し、それぞれの控帳を作成して保管した。しかし、留守居と京都所司代が発行した手形に限っては六カ月ごとに控帳とともに吉田藩を経由して発行者に返納し、控帳に署名・捺印をしてもらうことになっていた」（『館蔵図録Ｉ　関所手形』）。

いっぽう、そのほかの女手形は、関所は回収したのちそのまま保管していたのである。

では、次に現存する女手形を紹介していこう。

「出女」「入女」の手形と「女改め」の実態とは

◉細かすぎる特徴が書かれた「出女」の女手形

まずは、「出女」の女手形を原文で紹介しよう。

女上下拾人内、髪之中小枕摺有之女壱人、中狭之髪延立候女壱人、腮并右之耳之後髪生際より髪之中江掛出来物有之、同耳之後より耳之内江掛出来物有之、左右手并左右足之爪先二灸之跡有之女壱人、少女三人、中狭之髪延立、右之足之甲疱瘡之寄之跡有之少女壱人、左右之足指之股ニ灸之跡有之少女壱人、髪短髪不揃之少女壱人、乗物六挺、従江戸勢州桑

名迄、箱根関所無相違可被通候、松平下総守殿断付如斯候、以上、

安永四年未四月廿八日

土佐
和泉
豊前
内記
箱根人改中

（箱根関所研究会編『東海道箱根宿関所史料集一』吉川弘文館）

簡単にこの手形を解説すると、これは桑名藩主・松平下総守忠啓（ただひら）の依頼によって幕府が箱根関所の役人宛に発行した女手形である。江戸から桑名へ向かう女性一〇人が箱根関所を通過する旨が記されている。おそらく、この女性たちは桑名藩の関係者であろうが、詳しいことはわからない。

手形には、女性の名前や生年などは一切書かれていない。が、「右之耳之後髪生際より髪之中江掛出来物有之（右耳後ろの髪の毛の生え際から髪の中にかけてでき物がある）」とか、「左右之足指之股ニ灸之跡有之少女壱人（両足の指の股に灸の痕がある少女一人）」など、関

所改めに必要な一人一人の身体的な特徴が書かれていることがわかるだろう。

関所で女改をする際、この情報がとても役に立つのである。現代であれば、身分証明書に名前を書かないということは考えられないが、当時、女性は差別された存在だった。だから「〜の妻」、「〜の母」、「〜の娘」、「〜の妹」、「〜の下女」と記される例は散見されるが、個人名を記した女手形はほとんど残っていないのだ。

◉「出女」に比べて「入女」の手形はあっさりだった

続いて、入女の女手形を紹介しよう。

女壱人、従播州赤穂江戸江下シ申候、私家来安井新三郎と申者之下女下野之者に而御座候、暇ヲ遣シ在所江戻シ申候、今切御関所無相違罷通候様ニ御手判被遣可被下、若此女ニ付、以来出入御座候ハヽ、私方へ可被仰聞候、為後日仍如件

延宝元年癸丑十月九日　浅野采女正　㊞（花押）

永井伊賀殿

表書之女壱人、御関所無相違可被相通候、断者本文ニ有之候、以上

丑十月廿三日　伊賀㊞
今切女改中
（『館蔵図録Ⅰ　関所手形』新居関所史料館）

これは新居（今切）関所に出された女手形である。赤穂藩主・浅野采女正長友が「自分の家臣・安井新三郎の『下女』が、赤穂から在所である下野国まで戻るので、この女の関所の通過を認めてもらいたい」という申請書に、京都所司代の永井伊賀守尚庸が裏書き・押印して、関所の手形（女手形）としたものである。

この『館蔵図録Ⅰ　関所手形』には、新居関所に保管されていた一〇〇通以上の女手形が載録されている。

前項で述べたように、これらの出女の女手形には、通過する人数、乗物の有無、出発地と目的地に加え、「禅尼・尼・比丘尼・小女・髪切の区別を明記しなければならない」（『館蔵図録Ⅰ　関所手形』）い決まりになっていたわけだが、入女の手形を見ると、髪型の区別については赤穂藩の例にある通り、記載されていないものが少なくない。

さらに、灸の痕があるとか、でき物があるといった身体的な特徴を記したものは皆無に近い。そういった意味では、やはり出女より入女のほうが、楽に関所を通過できたといえるだろう。

◉あやしい場合は「人見女」の出番

さて、いよいよ女性がどうやって関所を通過するかについて簡単に解説しよう。

江戸後期になると女性が複数名で旅行するケースも出てくるが、さすがに一人旅はしない。夫か親か子か、あるいは下男かわからないが、女性には男性の同伴者がいる。

この者がまず、女手形を関所に提出する。そして千人溜で待機していると、関所の役人から呼び出されてチェックを受けるが、何か気になることがあると、役人は「人見女」を呼ぶ。

人見女は、箱根関所などでは近隣に住む女性がになう検査役である。箱根関所の場合は、代々、近くの農家の女性が二人体制で人見女をしており、その地位は定番人と同格だというから、そこそこの地位だった。

彼女たちは旅の女性の髪をほどき、詳しく調べる。怪しい場合は裸にして調べることもあり、新居関所には「女改之長屋」というそれ専門の部屋もあった。

いずれにせよ、旅する女たちは関所で極めて不快な思いをしたのである。

次項では、そんな具体例をいくつか紹介しよう。

女性たちを恐れさせた、関所での経験

◉女性二人を伴って関所を通過した男の日記

大島延次郎『関所　その歴史と実態　改訂版』（新人物往来社）には、興味深い日記が原文で掲載されている。武蔵国利島郡穏田村（いまの渋谷区）の坂野徳次郎が、弘化五（一八四八）年に、縁者である農民の妻と下女を伴って箱根関所を通ったときの日記なのだが、これを現代語に意訳して紹介しよう。

徳次郎が女手形を差し出すと、関所の役人たちは印鑑ににじみや擦れがあることを問題視し、それを上役たちに差し出した。やがて、彼ら五人は車座になって明かりに手形をすかすなど入念にチェックしたり、三度も文章を音読したりした後、それを受け取り、「おひかえなされ」と言ったのである。

このように、女手形の検査はかなり執拗におこなわれたことがわかる。とくに手形のシミや擦れは入念に調べられた。偽造がおこなわれている可能性があるからだ。金井達雄著『中山道碓氷関所の研究　上巻』（文献出版）によると、碓氷関所では、関所近隣の村々に対して、旅人に硯箱や筆、紙を貸してはいけないと通達していたという。

たとえば、安永六（一七七七）年七月七日に、江戸から伊豆国君沢郡久蓮村へ向かう幕府の奥坊主・山田長祝の「下女」の女手形が、「君沢郡」と書くべきところを「若沢郡」と記してあった。「君」と「若」を間違えたのである。すると、関所役人たちがわざわざ集まって相談したうえ、前例に従って許すことにしている。

ともあれ、徳次郎は関所役人から「おひかえなされ」と言われると、「茶屋手引の通り、元へ戻り」と日記に記している。つまり、門前の茶屋から手引きされた通り、関所から出て門外で待機したという意味だ。このように、関所近くの茶屋や旅籠などでは、旅人に対して関所を通過する方法を具体的にレクチャーしていたのである。

なぜなら庶民にとって長期の旅行というのは、一生に何度もあることではなく、ほとんどが初心者同様だったからだ。もちろん、茶屋は親切でやっているわけではあるまい。徳次郎も相応のチップは与えたはずだ。

しばらくすると、六尺棒を持った男二人が現れて、関所の往来を止めた。やがて四〇歳ぐらいの老女が近づいてきた。そして、徳次郎が連れて来た農民の女房を呼び、そのまま彼女を御番所（面番所）へ連れていったのである。この老女が、女改めをおこなう人見女（改め女）である。

人見女は、この女房を縁側に腰掛けさせ、その髪をほどいて毛先などを入念に確認したうえで、関所の番人たちに向かって頭を下げ、「よし」と述べたのである。

こうして無事、関所を通過することができたのだった。

◉恐怖！老婆の手が髪のなかに…

もう一人、井上通女の例を紹介しよう。

通女は、丸亀藩士の娘として生まれたが、幼い頃から非常に聡明で漢学や和歌が得意だった。その才能を見込まれて、二二歳のときに江戸にのぼって丸亀藩二代藩主・京極高豊（きょうごくたかとよ）の母である養性院の侍女となった。しかし、仕えていた養性院が死去したので、八年後に郷里の丸亀に戻った。この際、江戸から東海道を通って丸亀へ向かうが、箱根と新居（今切）の関所で人見女から女改めを受けている。

先の徳次郎の場合は、男の立場からの記録だが、通女自身がこのときの経験を『帰家日記』（記録）に残しており、当事者としての女性の気持ちがわかる貴重な資料なので、その原文を多少わかりやすく改変して紹介しよう。

（箱根）関所に至りぬ。ありつる御しるし（女手形）、益本（通女の従者）もて参りて、かくと案内聞ゆるほど（案内をされるまで）輿たてて待つ。こなたへ（こちらへ）とて、番する所近く寄せたれば、そこなる人々、老たる女（人見女）呼ばせて、我も従者の女も、かれに逢べき由のたまうなりと、益本言うにより、対面しぬ。（その人見女は、私の）髪筋など懇(ねんご)ろにかきやりつつ見る。むくつけじなる（無作法で野蛮な人見）女の、年老いぬれど、健やかにて、いと荒らましきが、近かやかに寄り来て、だみなる声にて物うち言い、かくするも心つきなく、いかにする事にか（どんなことをされるか）恐ろし、居並びたる人々、老女に詳しく聞きて、御印（女手形）に違うことなしとて、益本に関通しぬる由のたまう。げにいずくも誤りなしと思うものから、かく威めしきあたりに立ち出ぬれば、なほ如何ならんと、胸つぶるる心地しつるに、いと嬉しくて、人々呼ばせて過ぎぬ。

このように通女は、目の前に現れた荒々しいダミ声の老婆（人見女）が自分の髪の毛を掻き上げて調べるのを、恐怖にうち震えながら耐えなくてはならなかったのである。

箱根関所に続いて、新居関所での記述も紹介しよう。

「番し給う所（新居関所）に寄りて御印（女手形）を奉り、例の女（人見女）呼び出て、我も供せる女（益本）も、髪ねんごろに見せて、いずくも違い無しとて、益本が姓名などを尋ね聞きて、通し給つ」

さすがに箱根の経験で慣れたようで、新居関所ではたいした感想を残していない。ただ、女性にとっては、極めて不快な経験だったことがわかるだろう。

●八年前にも恐怖を味わっていた井上通女

ちなみに、この井上通女は、八年前に江戸にやって来た際にも、この新居関所で強烈な体験をしている。

彼女が江戸行きの旅をまとめた紀行文『東海紀行』から概略を紹介しよう。

井上通女は父親とともに旅をしてきたが、大坂で作成した女手形を新居関所に提示した。その手形には本来、「脇開けたるを、小女と書わくべき事を、これ知らで、ただ女とのみ書いて奉」った。すると、関所を通ることが許されなかったのである。仕方なく、一行は「空しく元の宿りに帰りぬ。いかが悲しく辛く、いかでさる事知らざりけんと、我が身さえうらめしく」なったと述べてある。

女性の区別について、本来なら「小女」と書くべきところを単に「女」と記してしまったため、手形の不備とされ、通女は関所の通過を認められなかったのだ。

別項で述べたように、小女とは一五、六歳までの振袖を着ている少女のこと。井上通女はこのとき二二歳だったから、「女」でかまわないはずである。

だが、問題となったのは、おそらく彼女が着ていた着物だ。なぜか通女は「わきあけたる」振袖を着ていたのである。たとえ未婚者であっても、通常は一九歳になると、袖を短くして脇を塞ぐのが常識であった。

なのに、二二歳になってまで、なぜ通女は振袖を身につけていたのだろうか。少々合点がいかないが、いずれにせよ、女手形には通女の年齢などは明記されていないから、その服装（振袖姿）から関所役人は彼女を「小女」と断定し、「女」ではないと判断したため関所の通過を許さなかったのである。

仕方なく、通女一行は、急ぎ大坂に使いを立てて女手形を書き換えることにした。ただ、これまで通ってきた道のりを思うと、険しい道も多いので、使いの者が恐ろしい目に遭わないかと、通女は心配している。

きちんと帰ってくるだろうか。もし何かあって戻ってこなかったらどうしようと思うと、「そぞろに涙落ちて、燈(ともしび)さへ暗く覚ゆる」と歎き、雨がしとしと降ってすべてのものがわびしく、何ともいえない。他の旅人たちは朝早くから群がって出立しようと、あれこれ騒ぎ、馬も高らかにいななないている。そうした音を聞くと、改めて「女の身の障(さわ)り多く、はかなき事でも、今さら取りあつめて過ごす」と歎息している。

こうして数日間、新居宿で心細い日々を送ったのち、ようやく女手形の修正版が届き、無事、井上通女は新居関所を通ることができたのだった。

厳しい「女改め」が、なぜ江戸中期には緩くなったのか

◉金銭を受け取ったり、特例を認めたりした関所

前項で女改めによって手形の不備を指摘され、手形を再発行させせられた井上通女の例を紹介した。通女が新居（今切）関所で止められた年は、天和二（一六八二）年である。それから三〇年ぐらい後になると、状況はかなり変わったようだ。

研究者の金井達夫氏は、金沢藩の鈴木知右衛門の日記に、彼の妻が正徳五（一七一五）年に碓氷関所で女改めを受けた際に、人見女が妻が乗る駕籠を改めもせず、金銭の入った撚紙を受け取ると、そのまま通過させたことを紹介し、「正徳期にはすでに女改めが形式化して等閑となり、金銭を撚紙に入れた音物を改め女に手渡すことが女改めの際に物を言い、これによって、女改めに手加減を加えて通行させせていることが知られる」（『中山道碓

氷関所の研究　下巻』文献出版）と述べている。

さらに金井氏は、宝暦（ほうれき）五（一七五五）年の例を紹介している。

備前国岡山から京都所司代が作成した手形を持ち、乗物四挺で木曽福島関所を通過しようとした一行がいた。そのうち一人の女性は「小女」と手形に書いてあり、確かに振袖は着ていたが、なんとお歯黒をつけていたのだ。

お歯黒は既婚者の象徴である。当然、これが問題になった。ただ、関所役人が従者に事情を聞いたところ、この女性は一七歳だが、小さい頃から「外歯生」が悪いのでお歯黒をつけているのだと弁解したのである。

さらに従者は、手形を発行した京都所司代では、「振り袖を着た鉄漿（かね）付け小女であることが関所で咎められることをあらかじめ予想し、振り袖を着用していれば小女であることは紛れもないことであるから、関所通行に差し支えることはないと手形申請人へ伝えていた。京都所司代は、この事が関所で指摘されたならば、所司代での説明を関所に伝えるように言われたと、彼女らは木曽福島関所の番士に言上（ごんじょう）している。そこで木曽福島関所では関守が相談の上で、所司代の判断と同様に振り袖を着用しているから、証文通り小女として取扱い通関させた」（前掲書）とする。

つまり、木曽福島関所の役人たちは、特例を認めたのである。本来なら、手形所持者が京都所司代に、その旨を記した手形を再発行させるべきであったのに。

●「時間がかかりすぎる」というお上からの苦情

また、丹治健蔵氏も、天明四（一七八四）年一一月に箱根関所を田沼主殿頭の女中七人が関所を通過するさい、「手形に大女三人、少女四人と記載してあったが、実際は大女四人、少女三人であったので、手形記載の大女と少女の人数の相違であったため、特に通行を認め」（『東海道箱根関所と箱根宿』岩田書院）たと、女手形に不備があったにもかかわらず、女たちを通関させた例を紹介している。

田沼主殿頭とは、あの有名な田沼意次である。やはり、政権を握る田沼に対する忖度があったのだろうか。こうした例外的な扱いは、記録を見ると、やはり大名など高貴な身分の女性たちに多い。

とはいえ、こうした江戸中期以降の女改めの緩和に関しては、貴賤を問わず一般的な傾向といえた。

たとえば加藤利之氏は、享和三（一八〇三）年に幕府の留守居が「人見女がこと難しいことをいうので、女改めに手間取り、しいては一般の旅人も難儀していると、聞いている。

以後気をつけるように」（『箱根関所物語』神奈川新聞社）との通達を出したことを指摘する。
さらに同年、幕府は、女手形には髪の様子や傷のことなどを記す必要はないとした。

別項で述べたように、髪のなかにおできがあるとか、爪先に灸の痕があるといったことが書かれているから、「人見女も詳しく調べ、それによる交通渋滞が起きていたわけである」（前掲書）。

いずれにせよ、このように江戸時代も中期以降になると、通行量の増加による渋滞解消のため、女改めを緩和したらしい。そのきっかけは、「お陰参り」など寺社参詣者の急増にあったのではないかと推察される。

◉お陰参りの流行が関所の渋滞を招いた

伊勢神宮は江戸時代一番の人気の観光スポットだったが、六〇年に一度、爆発的な集団参詣が発生した。これをお陰参りという。

最初は宝永二（一七〇五）年。このときには約三七〇万人が各地から伊勢神宮へ向かったとされる。明和八（一七七一）年には約二〇〇万人、天保元（一八三〇）年には約五〇〇万人が参拝したと推定されている。

遠方から伊勢神宮に行くには大金が必要だったが、お陰参りのときは、往来手形すら持

歌川広重による「伊勢参宮・宮川の渡し」。女手形を持たない女性たちも押しかけたため、関所も出入りを黙認した。

たない庶民が、金銭もさして所持せず、柄杓（ひしゃく）一本を持参して人びとに食べ物や金銭を恵んでもらいながら、伊勢神宮へ殺到した。

すると当然、関所にも毎日多数が押しかけてくる。そうなると、とても一人一人チェックするのは不可能となるため、実質、フリーパスとなった。こうして関所の勘過を受けないで、お伊勢参りへ行くことを「抜け参り」と呼んだ。

もちろん、女手形を持たない女性たちもそのなかに含まれていた。出女を厳しく臨検する関所であっても、これをすべて追い返すのは不可能だったか

ら、仕方なく黙認したのである。以後、お陰参りなど寺社参詣の女性については、関所の審査が緩んだようだ。

たとえば、渡辺和敏氏はその著書『東海道交通施設と幕藩制社会』（愛知大学綜合郷土研究所）で、江戸中期の旅行家で地理学者の古川古松軒が、天明七（一七八七）年に岡山から江戸へ下向した際の紀行文『東行雑記』を例にあげ、以下のように論じている。

「今切役所では、西国巡礼や伊勢神宮への抜け参りに対しては、関所手形を所持していなくても通過を許可していたのである。今切役所では何時頃から抜け参りの通行を黙認し始めたのかはわからないが」「明和八年（一七七一）のおかげ参りの時にはすでに黙認していたと考えられる。抜け参りやおかげ参りが社会的に認知されるに従い、関所でもその通行を寛容な対処で扱うようになったのだろう」。

また、渡辺氏は「おかげ参りの期間中、気賀関所では実質的に『出女』の検閲をほとんど行っていなかったのである」（前掲書）と指摘している。

箱根の関所破りをして処刑された、哀れなお玉

◉主殺しや親殺しに次ぐ重罪だった

よく時代劇や映画などで登場する関所破り。その下手人が処刑されているシーンを見たことがあるだろう。実際、関所破りは主殺しや親殺しに次ぐ重罪だとされ、意図的に関所を通過せずに先へ進んだ者は、死刑に処された。通るべき所を通らない＝幕府権威への挑戦と見なされたのだ。

八代将軍徳川吉宗が定めた『公事方御定書』の第二〇条には、関所破りについて次のように規定している。

従前々之例

一、関所難通類山越等いたし候もの　於其所磔（はりつけ）

但男に被誘引山越いたし候女ハ奴（やっこ）

同
一、同案内いたし候もの　於其所 磔
同
一、同忍通候もの　重キ追放
但女ハ奴
同
一、口留番所を女を連忍ひ通候もの　中追放
但女ハ領主江可相渡

このように関所を通らずに山越えをしようとした者は、その場所で磔に処されるのが慣例とされた。

関所破りの多くは、訳ありの女性を連れていることが多く、男性に誘われた共犯女性は「奴」となった。「奴」とは、人別帳（にんべつちょう）（戸籍）から除かれたうえ、前髪を剃られ、他人にその身柄を与えられてしまう罪。もしその女性を欲しがる者がいない場合には、牢獄の仕事に従事させられた。簡単にいえば、奴隷身分に落とされたといえるだろう。

関所破りの案内人も処刑となった。また、関所でウソを言ったり、地元の者に変装したり、長持など荷物の中に隠れて通過したものは重追放、女は「奴」となった。

「口留番所」は、冒頭で述べたように、箱根や新居（今切）などとは異なり、比較的軽便（けいべん）な関所（関所と規定するかどうかについては異論もある）のこと。同時に物資の統制や徴税もおこなうことが多かった。

◉逮捕から二か月後に処刑される

元箱根（神奈川県足柄下郡箱根町）の東海道沿いの、人家もない山中に池がある。名をお玉ヶ池という。関所破りをしたお玉という少女を処刑し、この池で切り落とした首を洗ったことに由来するといわれる。この話が事実かどうかはわからないが、お玉という小女が関所破りの罪で死罪となったのは確かである。元禄一五（一七〇二）年のことだ。

先述した「山田弥一郎左衛門日記」（箱根関所研究会編『東海道箱根宿関所史料集二』吉川弘文館）の元禄一五年二月一一日に、こんな記述が出てくる。なお、わかりやすいように漢字仮名遣いを改変した。

岩瀬藤大夫、にわかに箱根に登山す。これは豆州（伊豆国）女、箱根の御関所を山越えに忍び通り候段、訴人これあり。ついに僉議（多人数で評議）申すべくために差し越されるの由、右（その女）は御番所（関所）の後ろにからまり居り候を、昨夜五つ半頃（二一時頃）に見つけ、奥作平捕らえる由、これにより今朝注進す。それについて詮議（取調）、口上書（供述書）つかまつらせ候。近藤弥左衛門、岩瀬藤大夫幷御関所之籠（牢）に入れ候。

村人が、関所破りをしようとしている少女を発見して関所に報告した。このため捜索がおこなわれて、奥作平がその女を捕らえた。そして取り調べをおこなって供述をとり、入牢させたのだ。

続けて山田弥一郎は次のように記す。

「右女事、玉と号する由、豆州大瀬村太郎兵衛の娘、江戸新田嶋にて半左衛門と申す従弟之方へ奉公のため、正月参り候由」

女の名前は玉といい、伊豆国大瀬村（静岡県南伊豆町）の太郎兵衛の娘で、一か月前の正月に江戸新田島の半左衛門という従弟のところに、奉公へ出たばかりだということが判明した。

それから四月二六日の日記には、次のように記されている。

箱根御関所破りの玉女義、明日、死罪をイタイラに獄門に就被掛候。見使（検視の）為、川村宇門、遣わされ、登山せしむの由。二十七日、玉女、死罪に付、検使警固のためと蜂屋太郎左衛門、大目付舎人定目付飯野数右衛門、江戸目付大善次郎、御側目付森九郎左衛門、先手頭菅沼作右衛門、見使宇門、郡奉行杉小右衛門、冬登山せしめ、乗馬の代官一人、蹴し出勤す。

逮捕から二か月半後に、玉は処刑されたのである。

元の記録はこれだけなのだが、その後、話に尾鰭がついていく。

「ホームシックにかかった少女の玉は、どうしても両親に会いたくなり、奉公先を飛び出してきてしまったものの、女手形を持っていない。そこで山越えをしようとしたところ、不運にも見つかってしまい……」という話が出来上がっていく。

原文には、玉が少女とは書いていないが、おそらく「奉公」という言葉が、少女を想起させたのだろう。ただ、叔父ならわかるが、奉公先は従弟の家とある。だから本当は、玉は中年の女性ではないかという気さえしてくる。

また、確かに刑罰は斬首のうえ獄門（刑場などで首が晒されること）ということになったようだが、「山田弥一郎左衛門日記」には、その首をお玉ヶ池で洗ったことには一言も触れていない。

とはいえ、やはり女性一人で関所破りをしようとしたのだから、抜き差しならない事情があったのだろう。そう思うと、哀れである。

江戸中期以降、関所破りが横行していた！

◉関所破りの記録が極端に少ないという謎

前項で、関所破りをして処刑されてしまったお玉の話を紹介した。

時代劇では関所破りの話はよく出てくるが、主な関所での関所破りの記録を調べてみてとても驚いた。二六〇年以上も続いた関所制度なのに、どこの関所でも数例しか記録が残っていないからだ。いったいなぜか。

この疑問点についてはのちに解説するが、まずは最古と思われる事例を紹介しよう。

寛永(かんえい)一三（一六三六）年五月六日の明六(あけ)つ、中山道の木曽福島関所の東門を門番が開いた。すると、門外に控えていた浪人風の男がいきなり関所に飛び入り、門番を切り捨ててそのまま関所を走り抜け、逃亡したのである。

翌日、付近の農民が、寺沢薬師堂の縁の下に犯人らしい男が潜んでいると通報。そこで、捕り手として末木弥左衛門が現場へ駆けつけたが、激しく抵抗、最終的に銃殺したという。この男に同道していた草履取りもその場で捕縛し、尾張名古屋に護送したが、のちに赦免されている。

これは、木曽福島町編『木曽福島町史　第一巻（歴史編）』で紹介されている話だが、同書によれば、木曽福島関所での関所破りは、これを含めてたった四例しかないという。

しかも、残りはいずれも女がらみである。

もちろん、それはそうだろう。男性は関所手形は必要ないのだから、指名手配でも受けていない限り、厳しく誰何されずに通過できてしまうからだ。ただ、女性はそうはいかない。これまでもくり返し述べてきたが、移動がかなりうるさく制限されていた。

●関所付近で尼とその息子が失踪！

せっかくなので、『木曽福島町史　第一巻（歴史編）』を参考に、残り三件も紹介しよう。

延宝九（一六八一）年七月七日夜、上田村から木曽福島関所に連絡が入った。女手形を持たない尼が息子の市松を連れて村に来たが、その後、二人とも行方知れずになったというのだ。

関所近在の村々は、旅人の怪しい動きを逐一報告する義務が課せられていたため、木曽福島関所の裏番所である贄川関所と妻籠関所に連絡を入れ、近隣（関所の要害区域）の村々にも情報を伝えた。

くり返しになるが、五街道などの大通りの関所周辺の脇道にも関所が設けられており、これを「裏関所（副関、裏番所とも）」といった。箱根関所には、仙石原、根府川、矢倉沢、川村、谷ヶ村の五つの裏関所が存在したことはすでに述べた通りだ（123頁）。

したがって、木曽福島関所近くの脇道を通行するのは不可能だった。となると、険しい山越えによって関所網を抜けるしか方法はない。

ちなみにくだんの尼は、上松という離れた場所で逮捕された。なんと、行方不明になった上田村から山越しで水無神社方面へ抜けていたのである。通常なら死刑になるところだが、彼女は翌天和二（一六八二）年に釈放され、息子は本籍に送り返された。規定とは大いに異なる緩い処罰である。何か、よんどころない事情があったのだろうか。

ただ、同天和二年に発生した事件では、厳罰が下っている。三河国葛籠沢村（山梨県西八代郡）の忠助という男が、一二歳の女児の月代を剃り、男に見せかけて関所を通過しようとしたのだ。

だが、役人はその子供の動きが男児ではないと見抜き、女改めの結果、まさしく女だったことから二人は逮捕された。忠助は斬罪のうえ、獄門となっている。なお、娘については赦免された。

最後の明和五（一七六八）年の事件も、偽計による関所通過の罪であった。六十六部法入という者が同行者三名を連れて関所を通過したが、どうも怪しい。そこで、一行を追いかけて捕まえ吟味したところ、果たして一人が女だったのである。

そこで関所の牢に入れたところ、一か月も経たずに法入は牢死してしまう。まだ罪が決まっていなかったので、遺体は塩水で保存された。翌年正月に「遺体を片付けよ」という指令が出たというが、『木曽福島町史　第一巻（歴史編）』には、どのような処罰が下ったかは記されていない。

ただ、このような偽計による関所の通り抜けは、基本的には死刑だった。

同じように、男性が女性を連れ関所を通らず山越えをした場合、事が公になると獄門や磔となった。

同じく中山道の碓氷関所でも、関所破りの例は数例しかないが、『碓氷関所事歴』（松井田町教育委員会発行）によれば、文政三（一八二〇）年一一月に越後国高田の妙照寺の租海が身受けした江戸の遊女と山越えしようとして見つかり、磔となっている。

これを案内した地元住人の五兵衛は捕らえられて獄死したが、その後、塩漬けにされて碓氷関所に運ばれ、租海とともにその遺体を磔にされている。また享保一六（一七三一）年にも、坂本宿の長太郎という者が女性を連れて山越えをしようとして捕まり、処刑されている。

◉日本史上、最大の関所破り事件

ここまで中山道の関所破りについて紹介してきたが、東海道のほうはどうだったのだろうか。最大の関所は箱根関所と新居（今切）関所だが、箱根は六件（明治になってから一件）、新居はわずか二件しか記録がない。

ただ、新居関所では一度に複数の処罰者が出る大規模な関所破りがおこなわれたので、次にその例を紹介してみたい。

事件が発覚したのは文政一二（一八二九）年のこと。長崎奉行だった本多近江守正収の家中が、組織的な関所破りを実行したのだ。

犯行グループは三つに分かれたが、いずれも正収の家臣や足軽・中間だった。互いに示し合わせたのかどうかはわからないが、正収が長崎に赴任中に同行し、四年のあいだに馴染みの女性をつくってしまい、彼女たちを女手形なしで江戸に連れて帰ろうとしたのだ。

たとえば、家臣の西村新三郎と島田惣三郎は、長崎で馴染みとなった遊女の舞袖と歌扇を連れ、宿で知りあった静蔵という者の手引きで船で海に出て、新居関を通らずに舞阪（浜松市南西部）から陸に上がり、箱根関所はうまくごまかして通り抜けた。箱根関所は入女には緩く、名前を告げるだけで通してしまうケースが多々あったようだ。いままでも見てきたように、女改については、関所によってかなり対応が違うのである。

このほか中間の与七は、長崎の小間物屋の娘せいを連れて、山越えで江戸に到達。足軽の十蔵、菊蔵、嘉兵衛の三人組はそれぞれ、いさ、とせ、はなという長崎の娘を引き連れ、海路を使って新居関所を通らず、やはり舞阪に上陸して江戸へ入った。いずれも箱根関所を通過したようなので、この関所は「入女」についてはそれほどうるさく言わなかったのだろう。

ところがしばらく経って、関所破りが露見する。西村と島田は天保二（一八三一）年四月に死罪となっているので、一年以上が経過している。おそらく家中の者が密告したのだろう。中間の与七は磔、足軽三人組はすべて牢死している。主君の本多正収は、閉門の処分を受けた。結局、処罰されたのは二一二名の多くに及んだ。これが日本史最大の関所破り事件である。

◉役人は関所破りをわざと見逃していた?

さて、冒頭に述べたように、関所破りの記録があまりに少ないのはどうしたわけだろう。厳罰だというのが周知徹底され、人びとが法を犯そうとしなかったのだろうか。

答えは、否である。

別項のお陰参りや抜け参りの例でも述べたが、おそらくは関所の役人が、山越えや、女性が男性に化けて通過するようなことについても、見て見ぬふりをしていたのではないだろうか。

渡辺和敏氏は、こうした関所の事例から、「関所破りの現行犯で逮捕された人が極めて少なく、ほとんど後日に発覚して処刑されている」ことを指摘、それは江戸「中期以降には関所役人が関所破りの摘発にあまり熱心でなかった」(『東海道交通施設と幕藩制社会』)からだと指摘する。

また、裏関所など小規模な関所では、関所破りに厳罰で対処しなかった例が多いことにも触れ、「関所破りは磔という厳罰であるからその刑に処するに忍びなかったこと、そしてこの厳刑を実行すれば地域社会が混乱して民心が離れることが明らかであり、しかもこうした行為をすべて関所破りとして扱うと、今までもこうした行為を見逃していたことになって関所役人の落ち度となる」（前掲書）という事情が関係していたのではないかとする。ようは、いろいろと面倒くさいことになるため、お役人や近隣の住人たちは、旅人の山越えや海路での関所破りを見て見ぬふりをしていたのだ。

けれど、本多近江守正収のように関所破りが公になってしまった場合（おそらく密告だろう）、法にのっとり厳罰に処さざるを得なかったのである。

渡辺氏は、和田朋美編『道と越境の歴史文化』（青簡舎）などでいくつも事例をあげているが、実態としては、関所破りは横行していたと考えてよいだろう。

◉新選組の産みの親・清河八郎による関所破り

最後に一つ、有名人の関所破りの例をあげよう。清河八郎である。清河といえば、ある意味、新選組の産みの親として知られる人物だ。

文久二（一八六二）年末、一四代将軍徳川家茂の上洛に先だって、将軍警護のために浪士を募ることが決定された。幕府に献策したのが、庄内藩出身の清河である。これに応えて二〇〇人以上の浪士たちが上洛したが、京都に着いた早々、清河は浪士らに「私の願いは攘夷の決行にある」と述べ、浪士らに血判・署名をさせた上書を朝廷に提出。朝廷はこれを受理し、浪士らに関東下向を命じた。

清河は初めから幕府をだまし、この軍事力を使って開港場の横浜の外国人を攻める、つまり攘夷決行を考えていたのだ。

だまされたと知った幕府の幹部たちは怒り、清河を暗殺する。江戸に戻ってからわずか半月後の出来事であった。なお、近藤勇や土方歳三らは清河のやり方に反発して京都に残留、やがて新選組として活躍していくのである。

いずれにせよ、そんな志士である清河が、安政二（一八五五）年正月に母親を伴って故郷・出羽から長期間、観光旅行に出た記録がある。『西遊草』といって、清河本人が記した旅日記だ。

女手形を持たない母と新居関所を破った清河八郎。

行きは中山道を通りながら金比羅詣を楽しみ、帰りは東海道を通って江戸方面に向かった。当然、新居関所と箱根関所を、母を伴って通らなくてはならない。ところが清河母子は、女手形を持参しなかったのである。彼らは新居関所の手前で脇道に逸れ、迂回路に入り、本坂通り（姫街道）から三ヶ日村（浜松市北区）に入った。

ここは浜名湖の北岸に位置する。二人は船を雇い、浜名湖を渡って東岸の呉松から上陸、新居関所を通らず（関所破りをして）そのまま東海道を東へ向かったのである。

なんと、船には相客がいたというから、常習的にこのような〝関所破りルート〟が確立していたことがわかる。ただ、これは本来ならあり得ない。

というのは、浜名湖沿岸の村々は要害地域に設定され、村人には関所破りを監視する義務が課せられていたからだ。だから怪しい船が走っていれば、通報されたはず。ゆえに、すでにそうした機能は崩壊していたのだろう。おそらく清河母子らを船に乗せたのも、要害区域に設定された村の漁師などだろう。

なお、渡辺和敏氏によれば、もともと「関所破りの未然防止を目的として原則的に浜名湖舟運を禁止しており」（『東海道交通施設と幕藩制社会』）、物資はすべて東海道の宿駅を経て運ぶことになっていた。だが、舟運のほうが圧倒的に楽である。このため、江戸「中期以降になると宿駅による独占運輸体制が崩壊し」（前掲書）、浜名湖を使って船で抜け荷をする商人が激増したのだ。

宿駅は、こうした違法行為を新居関所などにしばしば訴えたが、禁止しても効果がないため、結局、明和八（一七七一）年以降、「今切関所を通らない浜名湖の東西航路が、抜け荷の積み重ねによってついに認可された」（前掲書）という。

そうした船に人が紛れ込んでいてもわからない。その結果、関所破りも恒常化し、先に述べたように、関所側でもあえて見て見ぬふりをしてきたのだろう。

以上見てきたように、関所制度は、江戸中期以降、かなり形骸化していたのである。

幕末の関所改革と関所の終焉

◉坂本龍馬の脱藩を可能にしたもの

幕末の志士である坂本龍馬は、文久二（一八六二）年三月二四日に同志の澤村惣之丞とともに脱藩を決行する。

同日夜、高知城下を出て、翌二五日、梼原の同志である那須俊平・信吾父子の屋敷に泊まり、翌日未明に宮野々番所（関所）を抜け、さらに茶や谷の松ヶ谷番所（関所）を通過し、伊予国境である韮ヶ峠を越えて脱藩した。

これが現在、「龍馬脱藩の道・維新の道」として観光地化し、あちこちに看板や碑、龍馬の像などが立っている。ただ、実際に龍馬がどのようなルートを経て脱藩したかについては、確実な経路を記した一次史料は存在せず、諸説ある。

とはいえ、龍馬が脱藩するために関所破りをしたのは間違いないだろう。

「土佐藩では同藩内の口留番所を通常は道番所（境目番所・内番所）と呼び、領国境を中心に全体で三七か所もあって、軍事・政治的機能を中心に、やがて移出入品の検閲も重要な任務に加えられるようになった」（渡辺和敏著『東海道交通施設と幕藩制社会』愛知大学綜合郷土研究所）という。

ただ、前項で述べたように、幕末になると、諸藩の口留番所のチェックも甘くなっていたようだ。

◉権力闘争に翻弄された関所

さて、龍馬が脱藩する前年、実は関所の規定が大きく変わっている。

文久二（一八六二）年、薩摩（さつま）藩の国父（藩主の父）・島津久光（ひさみつ）が一〇〇〇人の兵を率いて江戸に入り、幕閣に対して強く幕政改革を迫った。これにより、大老だった故・井伊直弼（いいなおすけ）によって失脚させられた一橋（ひとつばし）派の人々が復権。新たにおかれた政事総裁職に松平春嶽（しゅんがく）（前越前藩主）が就任、一橋慶喜（よしのぶ）も将軍後見職となった。

この一橋派の主導によって文久の改革がおこなわれ、隔年交代で江戸と国元を往復した大名の参勤交代を大幅に緩和したのだ。三年に一度、それも一〇〇日間だけ江戸に滞在すれば良いことにしたうえ、なんと、人質として江戸に住まわせていた大名の妻子は国元へ戻ってかまわないとしたのである。

関所の最大の任務は「入鉄砲出女」のチェックだったが、これに伴い、大名妻子が関所を通る際、幕府の留守居役の女手形は必要なくなり、事前にその人数を届け出るだけになったのである。幕府は各関所に対しても、大名の妻子のチェックは簡単に済ませて通関させるよう通達を出した。

だが翌文久三年、八月十八日の政変で朝廷を牛耳っていた長州藩が失脚する。

すると元気づいた幕府は、将軍家茂が再上洛するにあたり、治安維持のためと称して江戸の四宿（品川、内藤新宿、板橋、千住）に関所を設け、通行者には手形の所持を義務づけ、人びとをチェックするようになったのである。

翌元治元（一八六四）年には、さらに多くの街道に簡単な関所を設けるようになった。同年二月に水戸藩の天狗党（過激な尊攘派）が挙兵、各地の関所を突破してあちこちへ移動したことも、この政策に大きく関係したとされる。

同年七月、禁門の変で長州軍が公武合体派の薩摩・会津藩に敗れると、幕府は朝敵となった長州藩を征伐することに決めた。こうして幕府の威勢が回復した同年一二月、幕府は参勤交代制度を元に戻す。だが、驚くべきことに、諸大名はその命令に従わなかったのである。

◉幕府は関所の引き締めをはかるが、終焉は間近に

ただし、主な関所の通過については、厳しさはむしろ増したようだ。

丹治健蔵氏は、「関所通行が厳重になり生魚渡世の者が小田原・大磯宿などに行く際、いちいち印鑑を頂戴していては手間取、魚痛ができ、かつ近在商人に安値で買い取られたりしているので、なにとぞ出格の取り計らいで印鑑を一〇枚御下げくださるよう願い上げると訴えている」「特に元治元年の水戸天狗党の乱の頃から、箱根関所では取り締まりが強化されていたことが判明する」とし、さらに「慶応元年（一八六五）になっても箱根関所の印鑑改めは継続していたことが、左の二点の史料で確かとなる」（『東海道箱根関所と箱根宿』）として、それを証明する史料を紹介している。

それでも、第二次長州征討に幕府軍が敗れた慶応二年以降は、幕府の権威は下落の一途をたどる。

そして、とうとう翌「慶応三年八月以降、街道筋の関所（関門）の取調べに当たり、女性と男性の差別を行わない、武具類は差添人の証書だけで通行を許可、急用の役人の夜間通行も許可することにして、その存在を実質的にほとんど否定した」（児玉幸多編『日本交通史』吉川弘文館）のである。

同書によれば、翌慶応四年二月、新政府軍は新居関所を管轄する吉田藩に対し、関所の破却を命じている（これは実施されなかったが）。そして同月には、箱根関所は、薩摩藩に引き渡されたのである。

丹治健蔵氏によれば、「箱根関所は薩摩藩士の支配下に置かれ、左の徳川大名、旗本、それに芝増上寺の僧侶は通行が制止された」（『東海道箱根関所と箱根宿』）として『箱根関所史料集二』に載る史料を紹介している。さらに、翌三月には「関所定番人は親征軍の支配下に置かれたが、これまでどおり関所警備の任務に従事していた」（前掲書）とする。

将軍のお膝元である江戸を反乱から守るためにおいた関所が、役人ごと反乱軍（幕府にとっては）に乗っ取られ、逆に自分たちが関所で勘過(かんか)される立場になろうとは、何とも皮肉である。

そして同年五月、新政府は新たな関所の設置を禁じ、翌「明治二年（一八六九）正月二十日には『箱根始諸道関門廃止』を令し、従来の街道筋の関所も廃止と決まった」（『日本交通史』）。

こうして長く続いた関所は、その歴史的な役割を終えることになったのである。

四章

海・川の関所から日本史を読みとく

幕末の箱館は、外国の攻撃に耐えうる港かつ関所だった！

古代〜戦国時代、水の関所はいかに権力者を潤したか

◉繁栄した海の関所は巨大利権を生み出した

三章までは、古代から近世までの関所を概観してきた。これまで見てきたように箱根や白河など、よく耳にする関所は陸の上にあるので、関所とはそういうものだと思われがちだが、敵の侵入を防いだり、怪しい者を臨検したり、金銭を徴収したりするものを関所と呼ぶならば、海から陸へ上がる港湾にも多くの関所が存在した。

すでに古代から重要な港湾（津）には、軍団（57頁）から兵士が派遣され、常に不審な船を臨検し、怪しい者については取り調べをしていたことがわかっている。

さらに中世になると、港湾の支配者は、入港してくる船から港湾の使用料を徴収したのである。その金銭の呼び方はさまざまだが、一般的には「津料」と呼んでいる。

ただ、朝廷や幕府がそれを公認しておらず、勝手に現地の有力者が徴収するケースが多かった。たとえば、保延元（一一三五）年に、伊勢国黒田荘園におかれた夏見、矢川、永村という三つの港の沙汰人（指示命令や処置判決・貢納などの執行にあたった者）が、津料をとろうとして東大寺東円堂の修理に使う材木を港に抑留してしまった。そこで待賢門院

兵庫関と大寺院

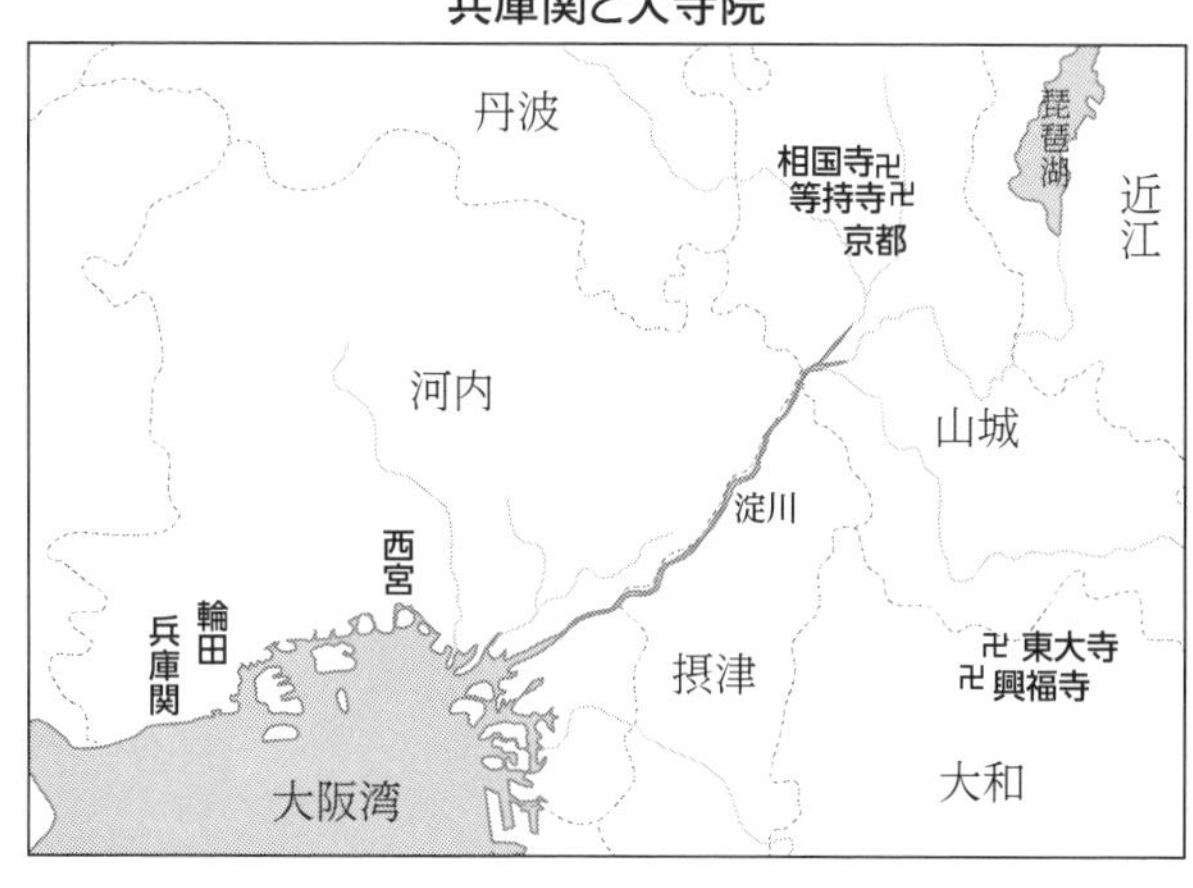

（鳥羽天皇の皇后で、後白河法皇の実母）が、これを禁止する命令を出したという記録がある。

　さて、中世でもっとも栄えた海の関所は、兵庫関(ひょうごのせき)である。摂津(せっつ)国兵庫津（大輪田泊(おおわだのとまり)で現神戸港）の経が島(きょうがしま)に設置されていた関所だ。大島延次郎氏によれば、この関所は、延慶(えんきょう)元（一三〇八）年に関銭の徴収を公認されたといい、関料（津料）は「入港する船には米一石(いっこく)に対して一升(いっしょう)、下りの船舶に対しては、補修料を徴収した」（『関所　その歴史と実態』新人物往来社）と述べている。

　兵庫関の収入は莫大で、東大寺八幡宮に寄進されたので、東大寺の財政はうるおった。すると、それを知った興福寺も「その利権に着目して、その利益をえた。その結果、兵庫には二つの関所が対立するようになった」（前掲書）のである。さらに驚くのは、「地方の豪族も加わり後には京都の等持寺、相国寺、北野社なども、兵庫関の利権を得ようと介入した」（前掲書）という。まさに関所という利権に群がるアリである。

これは兵庫関に限った話ではない。栄えている港のほとんどを寺社が管理するようになり、津料を徴収したのである。

●たびたび海賊に襲われた海の関所

さて、そんな海の関所を悩ませたのが、港湾を襲撃してくる海賊である。彼らは海上でも悪さをする。それにストップをかけたのが、平清盛だった。清盛は、海賊たちを制圧して瀬戸内海の航行の安全をはかり、九州博多から自らが修築した大輪田泊にまで宋船を引き入れ、ここで日宋貿易をおこなったのである。

だが、それから二五〇年近くが過ぎた応永二七（一四二〇）年、朝鮮の使節として来日した李希璟は、瀬戸内海を船で通過する際、次のような記録を残している。

「小船忽ち其の島より出でて我が船に向い来る。疾きこと箭の如し。衆曰く、『此れ海賊なり』と。鼓を撃ち旗を張り角を吹き鉦を鳴らし甲を被り弓を執りて立つ。予もまた甲を衣りこれを望見するに、小船の中に人立つこと麻の如し」（李希璟著・村井章介校注『老松堂日

本行録』岩波文庫）

わかりづらいので、現代語訳する。

「その島から、すさまじいスピードで小船が我が船に向かってきた。人びとは『あれは海賊だ』と言った。そこで太鼓を打ち、旗をあげ、角笛を吹き鉦を鳴らした。また周囲の人びとは甲冑を身につけて弓をとった。そこで私も甲を身につけ、海賊船を眺めたところ、船の中にはびっしり人間が乗っていた」

清盛の活躍によって一時、海賊行為は減ったものの、一五世紀には、瀬戸内海に海賊が盤踞していたことがわかる。それは戦国時代になっても続いた。

◉〝動く関所〟海賊を敵に回し、敗死した陶晴賢

ところで、彼ら海賊は海上を航行する商船を襲うこともあったが、むしろ、守ることのほうが多かった。この言い分には違和感があるかもしれないが、日本史学者の池享氏は『列島の戦国史⑥　毛利領国の拡大と尼子・大友氏』（吉川弘文館）で、こう述べている。

「海賊衆・警固衆と呼ばれる海上武装勢力が、航行する船舶の安全を保障し、見返りに『警固料』『駄別料』と呼ばれる通行税を徴収していた」

当時の海賊は〝動く関所〟であり、通行税をもらって商船を護衛するとともに、支払わ

ない船には容赦なく襲いかかったのである。

こうした状況は、その領内を支配する戦国大名にとって沽券に関わることだった。大内義隆を滅ぼし、中国地方の大大名になった陶晴賢は、瀬戸内海で大きな力を持つ海賊・村上水軍（因島・能島・来島の三家）が通行税を徴収するのを禁止している。

周知のように陶晴賢は、毛利元就に厳島の戦い（一五五五年）で敗北して討ち死にしたが、池氏は、通行税の禁止が「彼らの反発を受け厳島合戦敗北の一因となった」と述べ、敗因の一つに、村上水軍の一部が毛利氏に加担したことをあげている。

◉信長も、港から上がる「津料」を重視した

なお、織田信長は、領地を拡大していく過程で、堺を直轄地（直接支配地）にするなど港を次々と押さえ、その経済力を吸収して財力をのばした。実は、織田氏が港の支配に着目したのは、信長の祖父信定や父信秀の時代であり、港町・門前町として栄えていた津島（愛知県西部）を支配下においたことが織田氏を豊かにしたといわれる。

実際、信長も若い頃に熱田に進出し、門前町・港町として繁栄させている。そして、津島衆や熱田の有力者を完全に支配下におき、彼らの商活動を保障する代償として経済的な利益を得ていた。津島や熱田に出入りする船には津料が課せられていたろうから、関所か

らの収入も間接的に信長の手許に入っただろう。

港だけでなく、川に設けられた関所も、戦国大名の財政を潤した。

先の池享氏は、「北条氏は要所や街道の渡河点に設けられた舟着で船役銭を徴収し、逆に、船役免除を通じて水運業者を組織し、人員・物資輸送手段を確保した」（『動乱の東国史7　東国の戦国争乱と織豊権力』吉川弘文館）と述べ、北条氏照（氏康の三男）が「執拗に関宿城を攻めたのも、利根川水運の要であるこの地域の掌握」（前掲書）が関係しているのではないかと推論している。

海や川に限らず、さらに湖などにも水の関所はおかれ、古代・中世・戦国時代を通じて、そこを支配する人びとを経済的に潤したのである。

「越すに越されぬ大井川」の関所としての機能とは

◉大井川の渡河を巡って、家光を怒らせた弟・忠長

幕府は五街道をはじめ、全国の主要な街道上をさえぎる河川や湖沼、海には橋を架けなかった。これは、交通の大きな阻害要因となったが、その理由はやはり、防衛上の必要からだった。だから、広い意味では関所と考えてよいだろう。

ただ、架橋しないのは防衛上の理由がすべてではない。橋を架けた場合、それを維持・管理するため膨大な金銭がかかったことも大きい。

しかし、そのほかにも裏の事情が隠されていた。これについては詳しく後述するが、まずは川越えについて解説しよう。

川越えには、船で渡る場合と歩いて渡る場合があった。

東海道で渡船を用いるのは、江戸から順番にまずは六郷川、そして馬入川、天竜川、浜名湖（今切）、伊勢湾（熱田―桑名間）などである。歩いて渡る「徒渡り」は安倍川、興津川、酒匂川などがそうだが、やはり代表的なのは、静岡県を流れる大井川であろう。

〽箱根八里は馬でも越すが　越すに越されぬ大井川
という馬子唄はよく知られている。

大井川は、決められた場所以外から渡河することは固く禁じられていた。これは、家康以来の幕府の方針だったとされる。

寛永三（一六二六）年、三代将軍家光は大軍を引き連れて上洛する。この折、家光の弟・忠長が親切のつもりで、大井川に多数の舟をつなげた長大な船橋（191頁の図）を架けた。

すると家光は「大井川は箱根の関所と同じく、東海道第一の要衝である。それは、祖父・家康公も申しておる」と怒り、すぐに船橋を撤去させたといわれている。大井川の別名を「関所川」といい、江戸時代、ある意味、関所の役目を果たしていたことがわかるだろう。

実は大井川には、江戸時代以前から橋は架かっていなかった。河原があまりに広く、川幅が一町（109メートル）もあり、そのうえ浅瀬が多く、雨が降ると一気に増水することから、橋を架けられなかったのである。

古代や中世には船で川を渡った記録もあるが、浅瀬が多かったり川の流れが急変したりするため、船の使用も難しかったようで、室町後期になると、川越人足（人夫）が先導して徒渡りをしていたことが判明している。つまり江戸幕府は、以前からの慣習に倣ったのであろう。

◉「川会所」で身分を明らかにし「川札」を買う

では、旅人や通行人は、どのようにして大井川を渡ったのだろうか。

その仕組みについて、宇佐美慶一著「渡し――島田と金谷の大井川渡し」（『歩きたくなる大名と庶民の街道物語　参勤交代と江戸の旅事情』新人物往来社所収）や島田市立博物館のHP（https://www.city.shimada.shizuoka.jp/shimahaku/kawagoshi/kawagoshi-iseki/）などを参考にしつつ、紹介していこう。

大井川をはさんで金谷宿と島田宿があり、宿場内外に七〇〇人の川越人足が住んでいた。彼らが通行人を渡河させてくれるのである。

ただ、直接川越人足に値段交渉するのではなく、大井川を渡る場合は、まず「川会所」という建物で必要な数の「川札（切符）」や「台札（連台に載る切符）」を購入し、それを人足に渡して運んでもらうのである。

川越しを統轄するのが、川会所にいる「川庄屋」や「年行事」といった川役人たちである。会所では、川越し料金の徴収、人足の配置など事務作業がおこなわれていた。

川越しの料金は毎朝、金谷宿と島田宿双方の川役人（年行事）らが集まって相談し、最終的に川庄屋の許可を得て、その日の川越しの値段を決めた。そう、毎日値段が変わっていたのだ。基本的に、水深に加えて川幅の長さで料金が決まった。水深が深く、川幅が広い日には当然、値段は高くなる。

水深が「股通（股までの深さ）」のとき、川札は一枚四八文。「帯下」が五二文。「帯上」が六八文。「乳通」が七八文。「脇通」が九四文。川幅が広くなると、それに応じてこの値段に加算されていった。

なお、普段の水位は二尺五寸（約76センチ）で、四尺五寸（約136センチ）を超えると危険なので通行止めになった。これを「川留め」といい、解除されない限り、大井川を渡ることができなかった。

数日で再開されることが多いが、長い場合は一月近くも足留めされた。これでは旅行の予定も狂ってしまうし、宿場は酷い混雑状況になった。そうなると、寺院や農家も客を泊めて良いことになるが、金がなくて野宿する者もいたというし、無理して川を渡ろうとして溺死する者が後を絶たなかった。

ともあれ、その日の川越しの値段が決まると、川会所前の高札場（こうさつば）に、その日の川札の値段をかかげ、金谷宿と島田宿にも大声で「本日の値段」を触れ回った。

さて、いよいよ大井川を渡るが、通行人は川会所で「生国・住所・氏名を告げ、川を渡る切符を求めた」（「渡し―島田と金谷の大井川渡し」）。フリーパスではなく、自分の正体を明らかにしなくてはならないところに、大井川の関所機能を感じる。

◉金持ちは連台で、貧乏人は肩車で

なお、川越しの方法はさまざまだ。

武士は、川越人足の力を借りつつ、馬で渡ることが認められていた。これを「馬越（うまごし）」と

「丸清版・隷書東海道五十三次」より島田・大井川。
人足の肩車で渡る人、連台に乗って渡る人など、懐具合に合わせてさまざまな渡り方があることがわかる。

呼ぶ。ちなみに力士は、川越人足を使わず徒渡り（歩いて渡ること）が許されていた。

庶民が川を渡るとき、一番安いのは、人足に肩車をしてもらう方法だ。川札は一枚が人足一人分なので、肩車越しが最安値なのだ。ただし、水深が常水を超えた場合、「手張（てばり）」と呼ぶ補助人足をつける規則なので、川札は二枚要る。つまり倍額になるわけだ。

連台に載る場合は、川札に加えて台札（川札二枚分の金額）が必要になる。一番簡素な連台が平連台だ。それでも担ぎ手（人足）が四人必要であり、台札が川札二枚分にあたるから、川札六枚分の金額になる。肩車の六倍である。

平連台から半高欄連台、中高欄連台、大高欄連台とランクがアップするに従い、連台の造りは高欄（手すり）が付いたり、頑丈になったりと、豪華になっていく。最高級の大高欄連台になると、台札は一六枚も必要になってしまう。

では、川越し代にも事欠く貧しい庶民はどうしたのか。これは、きちんと事情を聞いたうえで、温情で渡河させてやったのである。具体的には、川越人足が丸太の両端を持ち、それに彼らをつかまらせ、対岸へ導いてやるのだ。

◉船で渡せたのに、なぜそうしなかった？

いずれにしても、川越しは馬鹿にならない金額であり、川留めされた日には旅費が尽きてしまう可能性もある。あまりに不便だが、本当に渡船は不可能だったのだろうか。

結論をいえば、当時の技術でも、渡し船を通すことは十分可能だった。では、やはり防衛上、それをしなかったのか。いや、それは表向きの話で、実は、利権が絡んでいたのだ。

前述の通り、江戸時代以前から大井川では川越し制度は確立しており、多くの川越人足たちがこの仕事で生計を立てていた。また、川留めになれば、金谷宿や島田宿に莫大な金が落ちる。だから通船など、とんでもない話だったのだ。

「寛文(かんぶん)八（一六六八）年から正徳(しょうとく)五（一七一五）年に至る四十八年間に十一回もの通用船（横渡船・高瀬舟）出願があった」のだが、「許可が下りれば、川越しに従事する川越人足の生活をはじめ、旅籠を営む両宿全体の死活問題となる。そこで通船の願い出が出されるつど、両宿が反対してきた」（前掲書）ので、ほとんど許可が下りなかったのである。

ずいぶん身勝手な話である。

以上、大井川について述べたが、このほか東海道上で徒渡しをしていたのは、安倍川、興津川、酒匂川などで、やはり川留があり、旅人を閉口させた。ただし、なぜか「酒匂川と興津川は、一〇月五日より三月五日までの冬季は仮橋が架けられた」（渡辺和敏著『愛知大学綜合郷土研究叢書18　東海道交通施設と幕藩制社会』岩田書院）という。

宇佐美ミサ子氏は、酒匂川の仮橋（土橋）について、この時期は渇水期であることから仮橋を造りやすく、旅人の「往来の利便をはかった」のだとする。ただ、仮橋設置の本来の目的は、小田原藩領の「東筋村々からの年貢米の上納を円滑にするための手段」であり、「東筋村々からの御年貢米を越立するのに橋がないのは不都合」ゆえ「要するに仮橋設置は年貢米上納に、支障のないよう設置されたものである」（『宿場の日本史　街道に生きる』吉川弘文館）と述べている。

ならば、毎回橋を造ったり壊したりせず、何とか架橋を維持すればよいと思うが、「架橋が長期にわたると川越人足が失職することからも、一刻も早く取崩すことが先決だった」

（前掲書）のである。大井川同様、川越人足の利権が優先されたわけだ。

ただ、川越の値段が高いうえ、川留で何日間も足止めされるのはかなわないと、江戸時代も中期になると、「廻り越し」といって、酒匂川を渡らずに巡礼街道と呼ばれた脇道を「一般の旅人たちが往来するようにな」り、違法に営業していた煮売「茶屋でゆっくり休泊、村民の手を借りて、小舟で酒匂川を越した」（前掲書）という。

だから「酒匂川の川越業務に携わっている村々では、このような状況を、道中奉行に訴え、厳重な取締りを要請したが、廻り越しは、増える一方で、煮売茶屋の繁盛は、逆に旅人に歓迎され」「通行量も激増し現状の川会所の組織運営機構では捌きされず充分な統制もできず放任状態に置かれていた」（前掲書）という。

そして江戸時代も後期になると、酒匂川の川越制度は崩壊状態になっていく。

特別なときに架けられた「船橋」は、象も渡った！

◉将軍や賓客の渡河のため、臨時に架けられた

前項で述べたように、酒匂川には一年のうち半年ほど仮の土橋が架かっていたわけだが、

常時、橋を架けない川であっても、臨時の橋が架けられることがあった。たとえば、将軍の御成り、朝鮮通信使（新将軍の祝いの使節）の江戸行きの際などである。

酒匂川でも朝鮮通信使が通過する際、臨時の橋が架けられている。

「それは、船橋と称して、川幅五町二〇間余の全幅に船を並べ、大綱やかすがいで結び、その上を渡るという大変不安定のもので雨が降れば、流出を免れないという危険きわまりないものであった」（宇佐美ミサ子著『宿場の日本史　街道に生きる』吉川弘文館）

しかも架橋は、近隣の村々からの「船役」という税でまかなわれた。村人たちは舟を供出したり、労働力を提供させられたりしたのである。「船橋にかかる工事人足は、延一万八〇〇〇人を数え」（前掲書）るほどで、村人たちにとっては大きな負担となった。

なお、将軍が東海道を通って京都や大坂へ向かうことは、三代将軍家光を最後に二〇〇年以上絶えた（家茂のときに復活）が、日光社参（家康を祀る東照宮への参詣）や小金原御鹿狩などで、関東の利根川や江戸川を渡る際には、やはり船橋が臨時に設けられた。

たとえば八代将軍吉宗は、享保一三（一七二八）年四月に、六五年ぶりに日光社参をおこなっている。社参には、譜代大名・旗本合わせて一三万三〇〇〇人が参加。加えて人足が二二万八〇〇〇人、使った馬は三二万六〇〇〇頭に及んだ。

船橋未完成図

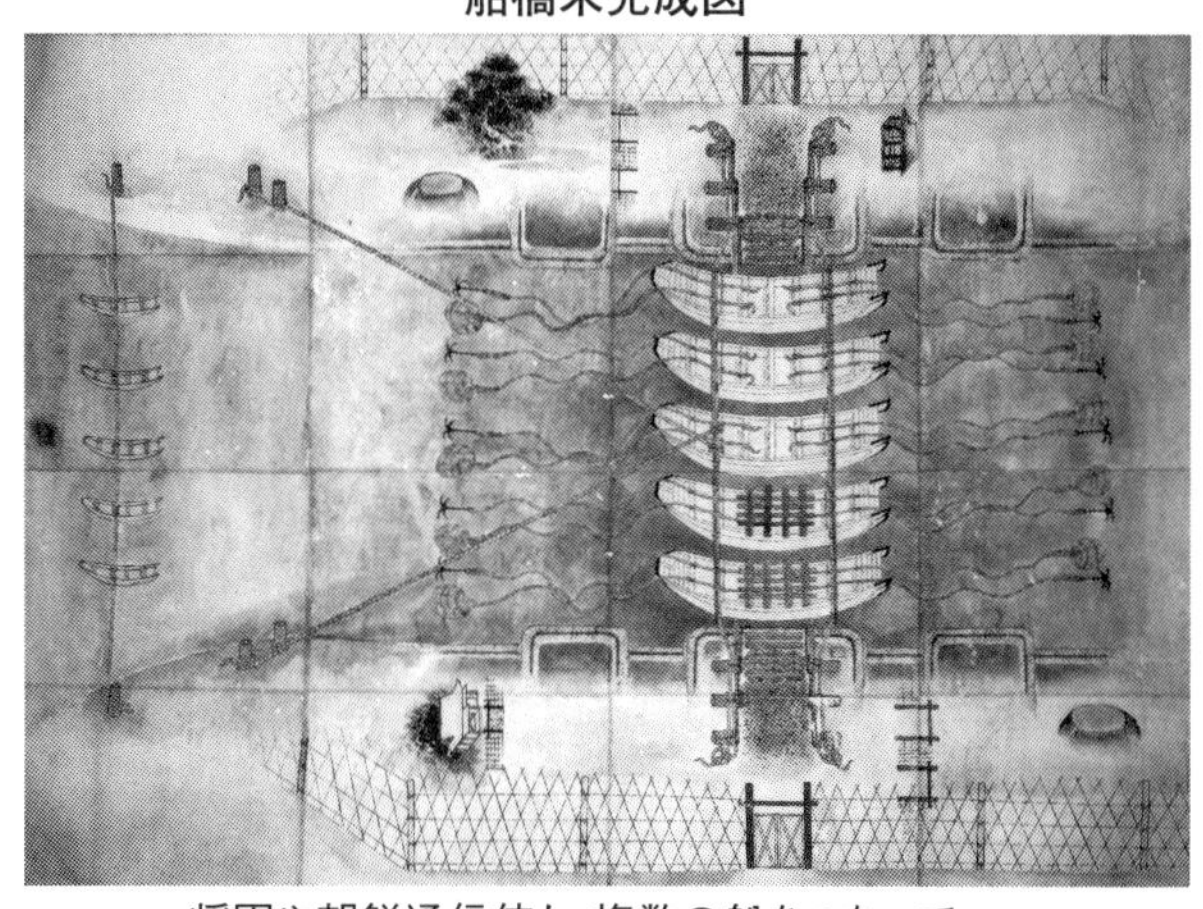

将軍や朝鮮通信使も、複数の船をつないで造った船橋を渡った。（野田市郷土博物館蔵）

江戸城から出立し、岩槻（さいたま市）で一泊した吉宗は、辰の刻（午前八時頃）に岩槻を発ち、御成道を北上して幸手（埼玉県幸手市）で日光街道に合流、栗橋（埼玉県久喜市）で利根川を渡って中田（茨城県古河市）に出た。

後述するが、栗橋―中田間には通常、「房川渡」と呼ばれる渡し舟があり、関所がおかれていた。ただ、この日に限っては臨時に船橋が架設された。二代将軍秀忠以来の慣例である。

一八八間（340メートル）もある川幅に、ずらりと五一隻の高瀬舟を並べ、各々をロープで繋ぎ、舟の上に板を幾重にも敷いて仮橋を造り上げるのだ。橋の上には馬が滑らぬように白砂が撒かれ、欄干まで取り付けるという念の入れようだった。

さらに揺れを防ぐため、左右の岸からは太い綱が一本ずつ伸ばされ、船橋に固定された。人びとはこれを虎綱（とらづな）と呼んだ。虎綱は、檜（ひのき）の皮で作った縄をさらに三本合わせた大綱で、長さ二六〇間（473メートル）、直径にして三寸を超えた。

この船橋を造るにあたっては、一二万両（1億4000万円程度）の大金と四か月の歳月を費やしたと伝えられる。もったいないことに、日光社参が終了すると同時に、橋は破却された。ちなみに虎綱は、周辺村の有力者たちへ断片にして配布されている。

実は、このように川に船橋を架けることは、関東地方では中世からよくおこなわれたことだった。とくに合戦の際、渡河のために臨時に造られることが多かった。

その理由について、齋藤慎一氏は「歩行で川を渡ることができず、船で渡河する地点では必然的に輸送力は限定されたものとなる。したがって通常の渡河方法では軍勢のような大人数を渡すことは極めて難しい。そこで戦乱に際しては船橋が急遽、臨時に架けられたのである」（「中世の船橋」『金町松戸関所―将軍御成と船橋―』葛飾区郷土と天文の博物館所収）と述べ、小田原城主北条氏政が合戦時、たびたび船橋をかけて巧みに戦っていた事例を紹介している。

◉吉宗のために来日した象は、大井川をいかに越えたか

さて、話を江戸時代に戻そう。

将軍や賓客の渡河の際に船橋を用いたと述べたが、珍しい動物のために船橋を架けた例がある。それが象だ。

八代将軍吉宗は、外国の珍獣に興味を持ち、象を見たいと清の商人に海外からの輸入を依頼した。吉宗は白象を所望したが、手に入らなかったようで、普通の灰色の象二頭（牡牝のつがい）が現在のベトナムから、象使いと共に長崎に上陸した。牝のほうは舌に腫瘍ができて死んでしまったが、享保一三（一七二八）年三月、牡の象が江戸へ向けて長崎を発った。

ただ、巨体ゆえそれを運ぶのはたいへんな苦労だった。基本的に象使いが象に乗り、陸路は徒歩で移動したが、関門海峡を九州から本州へ渡すのが一苦労だった。

北前船など巨船はあったが、船底がとがっており象を乗せることができず、仕方なく船底が平らな石船（石垣の石などを積載する船）に乗せて運んだところ、波や渦潮に驚いた象が足を固定した綱をちぎって暴れ、あわや転覆しそうになっている。

途中、京都に寄って天皇や公家たちも象を見たというが、それから東海道を進んできた。

いうまでもなく、途中、越すに越されぬ大井川がある。

ジャーナリストの石坂昌三氏によれば、「川越取が総動員された。水深は『帯上通』だった。象の渡る上流に彼らが肩を組んで何列にも並んだ。激しい流れを人間の堰（せき）を作って緩めて歩き易いようにしたのである。宰領は連台に乗り、象は潭数に曳かれ、漂綿を背に宇助、吉兵衛が横に付き、石の河原を歩き、やがて水を切って渡り始めた」「河原を入れて約十町。川越人足の総掛かりはあったが、象は難所大井川を拍子抜けする程あっけなく一気に渡ってしまった」（『象の旅　長崎から江戸へ』新潮社）そうだ。

船橋ではなく、徒渡りだったことがわかる。

◉象を渡すために架けられた、六郷川の船橋

ただ、次の富士川では象といえども足がつかなかったので、船橋が仮設された。二〇艘（そう）の船を並べ、しっかりと太い縄でしばりつけ、杭を何本も打ち込み、船の上には松の板が渡された。一九〇〇〇人もの人足が動員されたという。

その後、箱根峠で象は体調を崩す。関所を越えて箱根宿で倒れ込んでしまい、二日ほど横になっていたが、やがて健康を取り戻し、先へ進んでいった。

五月初旬になると、江戸の町は騒然となる。いよいよ象がやって来るからだ。市中では

象を題材とした錦絵や人形、双六などが売れ、『象志』『馴象論』といった本まで続々と出版される始末だった。

この頃、幕府は六郷川近在の村々に船橋の架設を命じている。「六郷渡船橋普請の分担額は、六郷領三十六ヵ村、川崎領二十六ヵ村の幕府直轄地で充てることになった。ここで面白いのは村人に『金を出す』か『汗をかく』かどちらかを選ばせていることだ」（前掲書）。

石坂氏によれば、この六郷川の船橋は、三〇艘の船を並べて要所に杭を打って固定し、船の上に板を敷いたものだったという。完成には七日間を要し、六郷領の人足の負担は八〇五人だったとされる。

『象志』に掲載された「馴象図」。約3か月をかけて象は長崎から江戸へやって来た。

こうして象は無事に江戸に入り、将軍吉宗に拝謁した。その後は浜御殿（現在の浜離宮）で飼育されることになるが、一三年間飼われていたうち、吉宗は三度しか象のもとを訪れなかったという。苦労して川の関所を通過させた意味はあったのか、首を傾げたくなる。

江戸の入り口で人・物を臨検した「中川番所」

◉水運の街・江戸はいかに造られたか

のちに江戸の町の拡大とともに市中に取り込まれることになるが、中川番所は、江戸市中への入り口にある最大の水の関所だった。

徳川家康は天正一八(一五九〇)年、関東へ入府して江戸を拠点とするが、天下を取ると、本格的に江戸城下の大造成を始め、その後、秀忠・家光・家綱の七〇年にわたって大規模な工事が続く。こうして百万都市の基礎が整った。

江戸入りした家康が最初に手をつけたのが、日比谷入江の埋め立て、道三堀の開削、平川の付け替え、そして、中川番所がおかれた小名木川の開削であった。

小名木川を開いた第一目的は、塩の確保にあった。江戸城下が繁栄し人口が急増していけば、住人を養うだけの食糧が必要になるが、それに加えて塩も不可欠である。だから、製塩業が発達していた行徳(千葉県市川市)へと人工運河を切り開いていったのである。

同時に、江戸城―日本橋川―道三堀―行徳間が水路で連結すれば、行徳から先は関東北部や房総半島と河川舟運でつながっているから、天候に左右されることなく、関東各地か

江戸近郊のおもな関所

ら江戸城まで短期間に兵士や兵糧を運び込めるようになる。このメリットも非常に大きい。

さて、小名木川だが、江戸の隅田川河口から行徳方面へ海岸線に沿って開かれた。といっても、平地を掘ったのではなく、干潟（ひがた）を埋め残して水路としたのである。こうして隅田川から中川（古利根川）にぶつかるまでの運河が小名木川となる。さらに、そこから先にも運河を造り、江戸と行徳は水路で連結された。この二つめの運河を新川（船堀川）と呼ぶ。

小名木川と新川の運河は、およそ二里（8・2キロ）。やがて塩以外にも、

「江戸名所図会 七巻」に描かれた行徳での塩作り。
製塩業が発達していた行徳へと人工運河が切り開かれた。

米や新鮮な魚、そのほかの品々を満載した舟がこの運河から江戸に入るようになる。

とくに幕府成立から約五〇年後、長い工事期間をへて利根川の付け替え（利根川東遷事業。江戸湾に注いでいた川水を銚子沖に流す）が完了する。これにより、現在の千葉・埼玉県方面からの利根川水系や江戸川水系の舟運が発達。それに加えて、太平洋から利根川を遡ってきた品物も、新川・小名木川を通って江戸へと運ばれるようになった。

◉小名木川の終点におかれた「中川番所」

こうした莫大な船荷の品目や数量を江戸の入り口で臨検するのが、小名木川の終着点（東端。中川とぶつかる場所）におかれた中川番所だった。もとは深川の地（万年橋が架かる隅田川河

中川番所を再現したジオラマ。番所の前に舟を停めさせて臨検した。（中川船番所資料館蔵）

口北岸付近）に設置されていたが、埋め立てが進むにつれてこの場所（東京都江東区大島九丁目）に移ってきた。

番所の広さは、東西二六間（けん）、南北一六間。「中川番」と呼ばれた番所の長が三〜五名任命され、五日交代で勤務した。中川番という名前から、武士でも軽輩が番所を統轄したようなイメージを持つかもしれないが、実は、中川番は三〇〇〇〜八〇〇〇石の高禄の旗本がつく役職だった。平均すると、五〇〇〇石以上の武士が就任している。

こうした高禄の士がトップだったこともあり、実際に中川番所に詰めていたのは中川番の家臣たちだった。そんな中川番のもとには番頭（ばんがしら）、添士（そいし）、小頭（こがしら）という役職が二名ずつおかれ、彼らが番所の実務をになった。

中川番所では、江戸に出入りする品物の統制もおこなっていた。たとえば、米価高騰のため、幕府は寛政（かんせい）三（一七九一）年一二月に、酒造量を三分の一に抑える法令を出した。このとき、「それが実施されているかどうかを確かめるため」、翌年四月から「浦賀番所・中川番所および川船役所の出先機関である橋場船改役所（台東区）において酒荷物の査検を開始」（江東区教育委員会編『江東区中川船番所資料館　常設展示図録』江東区船番所資料館）している。

浦賀番所とは浦賀奉行所の出先機関で、三浦半島におかれた海の関所である。江戸湾へ入る船荷は、中川番所同様、ここで荷の改めを受け、しっかりとチェックされた。浦賀奉行所の成立は遅く、享保五（一七二〇）年のこと。当初は下田・三崎・走水（はしりみず）の地に遠見番所がおかれ、江戸湾に入ってくる不審船を監視するとともに、撃退できる軍事機能を兼ねそなえていたが、同年、この三番所が統合され、浦賀の地に移転したのである。

◉女性の通行は厳禁だったが、のちに形骸化した

さて、中川番所では、このように船荷の検査をするだけではなく、入鉄砲出女を厳しく取り締まっていた。つまり、陸路に設置された関所と同じことをしているので、中川番所

は水上交通の関所といってよいのである。

まずは入鉄砲や弾薬だが、陸の関所同様、事前に鉄砲手形（数量や身分により発行元が異なる）が必要で、通過の際には印影の照合がおこなわれた。

続いて出女だが、こんな説を聞いたことはないだろうか。「江戸時代は、人は陸を行き、物は舟で運ばれる」。だが、そんなことはない。江戸市中でも、イタリアのベネチアのように水路が縦横無尽に発達しており、男女貴賤にかかわらず、猪牙舟（ちょきぶね）などの小型船をタクシーのように利用して移動していた。

小名木川でも、多くの人びとが舟に乗って江戸から出入りしていた。行徳までの定期便も運航されていたのだ。

そうした状況のなかで、中川番所は出女をチェックしたが、陸路と異なり、舟は人が隠れやすい。だから通関の際には船の戸を開け、乗船者はすべて笠や頭巾（ずきん）をとって番所の役人に顔を見せた。怪しい者がいないか、女性が混じっていないかを調べるためだ。人が入れるような箱容器を舟が積んでいるときは、女性が隠れていないか、そのなかを改めた。

では、陸路の関所同様、やはり、女性は関所手形が必要なのだろうか。

結論からいえば、必要はない。なぜなら、女性は身分の上下によらず、小名木川を船で通過することを一切許されていないからだ。女人禁制だったから、見つかれば重罪だった。

なお、陸路の関所同様、中川番所では死人、手負い、囚人については、専用の手形がなければ通行することはできなかった。

とはいえ、毎日多数の人びとが舟で往復することもあり、実際の女改めは、それほど厳しくなかったようだ。こんな歌も残っている。

「中川は同じ挨拶して通し　通ります通れ葛西の鸚鵡石」

中川番所では、定期便の船頭が役人に「通りますよ」といえば、「通れ」と鸚鵡返しをするだけで、そのまま通行を許しているという意味だ。

実際、江戸も中期になると、女性が寺社参詣や縁組みなどで小名木川を通過するのは許されるようになっている。また『江東区中川船番所資料館　常設展示図録』によれば、俳人として有名な小林一茶が、女性を同伴して行徳から江戸へ入ろうとしたが、その際、船頭が番所裏の抜け道を教えてくれ、その女性は番所の手前で舟を降り、番所を過ぎてから元の舟に乗り込んだという。

このように江戸後期になると、陸の関所と同じように、女改めが形骸化していたことがわかる。

「関東十六渡津」など川の関所の多様な役目とは

◉「関東十六渡津」の栗橋関所の実態

前項で述べた中川番所には、利根川水系や江戸川水系から新川・小名木川をへて多くの人や物が出入りし、それらを臨検したが、実は利根川や江戸川沿いには、いくつも水の関所が設けられていた。幕府は防衛上、河川にはあまり橋を架けなかった。だから、対岸へ渡るときには渡し船を使ったが、その渡しに関所が設けられたのである。これを俗に「関東十六渡津（としん）（定船場）」と呼んだ。

代表的なものは、現在の埼玉県久喜（くき）市にあった栗橋（くりはし）関所（房川渡（ぼうせんのわたし）中田関所）である。奥州道中・日光道中の栗橋宿近くには、利根川を渡って対岸の中田へ行く房川渡し（渡し船）があったが、そこに栗橋関所がおかれ、渡しを用いる通行人を改めていたのだ。元和（げんな）年間（一六一五〜一六二四年）には存在していたらしいが、その後、利根川東遷事業に伴い、寛永年間に現在の地に移ったといわれる。

房川渡しで入鉄砲出女を取り締まった栗橋関所だが、陸路の関所同様、男性に関しては緩（ゆる）かった。松尾芭蕉とともに東北を旅した河合曽良（かわいそら）も、その日記に「栗橋の関所を通ったが、手形もいらなかった」と、事実上、フリーパスだったことを記している。

だが、もちろん女性は別だった。栗橋関所では、女性の旅人だけでなく住人の女性（里女）にも目を光らせた。里女の通行にも原則、女手形（証文）が必要で、親や親類の証文に名主が押印したものを持参しなければ、関所は通過できなかった（その後、女手形の発行様式は変遷を重ねる）。

◉栗橋関所で女性の通行がとくに監視されたわけ

栗橋関所の女改めの実態は、杉山正司氏の研究（「房川渡中田関所〈栗橋関所〉の機能的考察」埼玉県立文書館『文書館紀要　第三十一号』所収）に詳しい。

杉山氏によれば、栗橋関所の近隣の農民（男性）は、農作業のため川向こうにある耕作地へ渡るのに、わざわざ房川渡を使わず、農民渡し（脇渡場）を使用してよいことになっていたが、旅の女性を含め、里女は使用を禁じられていた。

貞享二（一六八五）年に、伊兵衛という者が舟で鷺之宮（古河市）へ女性を渡したことが発覚すると、彼は舟を没収されている。そして、こうした事件を機に、幕府の代官・伊奈忠篤が近隣の農民渡しの実態を調査したうえで、彼らから「旅人や女性を舟で渡していない」という一札を提出させたという。

だが、こうした違法行為はなかなかなくならなかったようだ。

江戸中期の旅行家で地理学者の古河古松軒（ふるかわこしょうけん）は、その著書『東遊雑記』のなかで、栗橋関所について「女人通行を改むること厳重なり、然れども、広々とせし平地なるゆえに、二、三里ほどづつもまはり道をすれば、婦人通行のぬけ道いくらも、これありといへり」とし、女性の通行監視は厳重であるものの、関東平野という平地の特徴から、抜け道という迂回路の存在を示唆している。

こうしたこともあり、寛保（かんぽう）二（一七四二）年には、幕府の代官から呼び出された栗橋関所近隣六ヶ村の村役人たちが、「注意を受けて請書（うけしょ）を提出している。つまり女性の渡船による通行は、房川渡に限定されているといってよく、耕作従事であっても、農民渡しの利用は事実上禁止されていた。このように栗橋関所では、近隣に居住する女子の往来が著しく制限されていたのである」（前掲書）。

その理由を、杉山氏は「栗橋地域は、江戸地回り経済圏の主要な地域であり、幕府直轄領でもあることから安定的な年貢が期待される。これは幕藩体制維持のための権威の一端であり、労働人口とともに出産人口が減少することは、生産力低下による農村衰微にもつながりかねない」「平野部と江戸地回りという地理的な環境が、栗橋関所の近隣農村女性に対しての監視強化につながったのではないだろうか」（前掲書）と推論している。

女性の通行を厳しくチェックしたのは、大名の妻子の逃亡を防ぐためだけではなく、人口減少による生産力の低下を防ぐためだったことは、別項（三章）で詳しく論じたが、関所によって女性の通行に甘かったり厳しかったりする点は興味深い。

◉流通量の増加でチェックが厳しくなった関宿関所

関東十六渡津の一つ、関宿にも川の関所がおかれた。ここは利根川水系と江戸川水系が連結する、重要な地点であった。具体的には「権現堂川と逆川・江戸川が合流する地点、のちに関宿向河岸と呼ばれた場所」（小高昭一著「江戸川の関所とその機能」「論集江戸川」編纂委員会『論集江戸川』崙書房　所収）である。当初、この関所は幕府が管理していたが、のちに関宿藩にゆだねられるようになった。

はじめは渡船の舟だけチェックしていた関宿関所だったが、以後、「関所前の川を通る川船も改める関所へと性格が変わった」という。先に述べた利根川東遷により、「東廻り海運までもが、ここ関宿を通って江戸川を下り、天下の総城下町江戸に向かう物流の大動脈となり」「川船が急激に増加したことに対応するため、幕府が関所の位置を移転させた」（前掲書）のである。関所には常に番士が詰め、入鉄砲出女の臨検をおこなった。

また、江戸に程近い江戸川沿いには、金町松戸関所（東京都葛飾区）と小岩市川関所（東京都江戸川区）がおかれた。この二関所も栗橋関所と同様、代々、幕府の代官をつとめていた伊奈氏が支配した。

金町松戸関所は金町側におかれ、側には水戸街道が走っている。また、小岩市川関所は佐倉道（成田街道）から川を渡る旅人を小岩（小岩村ではなく当時の伊予田村）側で臨検した。

以上、関東十六渡津をいくつか紹介したが、一七世紀半ば以降、関東平野から江戸へと続く河川は舟運が発達したため、主な渡船場にはこうした関所がおかれ、入鉄砲出女を含め、道行く人びとを取り締まっていた。つまり人びと、とくに女性は自由な移動を制限されていたのである。

◉「経済的関所」だった荒川番所や上野原番所

最後に、関東にも江戸時代、中世と同様に税を取る川の関所があったことを付け加えておこう。

その代表的なものが荒川番所である。この番所は、相模川の上流にある津久井郡太井村（相模原市緑区）の字「荒川」に設置された関所だ。渡辺和敏氏の著書『近世交通制度の研究』（吉川弘文館）を参考にして、荒川番所の特色を簡潔に解説しよう。

津久井郡の人びとは山がちな土地ゆえ、山稼ぎ、川稼ぎの副業を盛んにおこなっていた。材木を切り出したり炭を作ったり、鮎を捕獲したりして、それらの商品を船や筏で河口の須賀浦に運んで利益を得ていたのだ。

当初、この地域は幕府の直轄地だったが、寛文四（一六六四）年に久世大和守の領地になると、久世氏はここに番所を設置し、山稼ぎ・川稼ぎによって積み出される商品に対し、五分の一の運上（税）をかけたのである。

税は非常に高額だったが、諸藩にはこうした税関のような番所が多い。実際、相模川上流の桂川にも、谷村藩によって上野原番所（境川番所）が設置され、入鉄砲出女を取り締まることに加え、やはり商品に五分の一の運上をかけていた。

荒川番所がユニークなのは、天和三（一六八三）年に久世氏が移封され、ふたたび津久井郡が幕府の代官支配になった後も、そのまま関所を存続させ、税を徴収し続けたことだ。税額がかなり大きかったので、廃止するに忍びなかったのだろう。

いずれにせよ、江戸時代、幕府の拠点江戸の周辺（関東南部）には、多くの川の関所があり、しかもその機能が多様だったことがわかる。

国際港・長崎の「海の関所」としての機能

◉江戸時代の「四つの口」で唯一の国際港

江戸時代は、いわゆる鎖国政策がとられており、日本人の海外渡航も禁止されていた。ただ、鎖国といっても完全に国を鎖したわけではない。実際には、海外に四つの口（窓）が開かれていた。長崎口、対馬口、薩摩口、松前口だ。

対馬藩は朝鮮の釜山に倭館（日本人居留地）をおき、そこで朝鮮と交易をおこなった。これが対馬口である。薩摩藩は支配下においた琉球王国を清に朝貢させ、貿易の利益を得ていた。これが薩摩口。また、松前藩が支配したアイヌは、サハリンからアムール川下流域で交易をおこない、その品々の一部を松前藩に上納していた。これが松前口である。

この三口はいずれも当時、日本国内と認識されていない地域だった。そういった意味では、長崎が唯一、外国に開かれた国際港だったわけである。

とはいえ、来港できるのはオランダと中国（明→清）の二か国に限定され、その目的も交易に限られた。とくにオランダ人は原則、長崎の出島から出ることが許されず、島内で商取引がおこなわれた。

朝鮮出兵後、明とは正式な国交は開かれなかったが、明の民間商船（唐船）は盛んに長崎に来航した。やがて中国は清の支配下に入るが、幕府は清とも正式な国交は開かなかった。しかし、毎年多くの清の民間商船が入港、貿易額は右肩上がりに増えていく。

ちなみに、輸入されたのは、中国産生糸・絹織物・書籍、ヨーロッパの綿織物・毛織物、南洋産の砂糖・蘇木（漢方薬に用いる生薬の一つ）・香木・獣皮・獣角など。輸出されたのは、銀・銅・海産物などである。

だが、貿易額が増えるにつれて、幕府は銀の海外流出を憂えるようになる。そこで、貞享二（一六八五）年、年間貿易額をオランダ船は銀換算で三〇〇〇貫、清船は六〇〇〇貫を限度とし、貞享五年には清船の入港は七〇隻に限定した。同年、キリスト教の禁止を徹底するため、長崎に雑居していた清国人を唐人屋敷と呼ぶ区画に居住させることにする。

正徳五（一七一五）年には、新井白石が長崎新令を出し、オランダ船の入船は年間二隻、清船は三〇隻としたほか、清船には貿易許可証である「信牌」を配って渡航時に持参するよう求めている。

◉長崎の地形と町の特殊性

長崎の町は、四キロ続く細長い入り江に接する湾岸都市で、戦国時代に外国船の寄港地として開発された。それ以前はほとんど人が住まなかったが、一六三〇年代には四万人、一六八〇年代までに六万人を数える、当時としては巨大都市となった。

市域も拡張していて、六つの町しかなかったものが一五九〇年代には二三町に増えていた。これを「内町」と呼び、さらに外側に四三の町が生まれて「外町」を形成、最終的に八〇町に達した。

江戸時代に入ると、長崎は幕府の直轄地となり、有能な旗本が二名、長崎奉行に遣わされ、内町の支配にあたった。また、有事に備えて佐賀藩と福岡藩が交替で長崎の警固にあたった。両藩は一三〇〇名の兵を常駐させることになっており（のちに減員）、兵の大半は長崎湾口の両岸に設置された西泊（にしどまり）番所と戸町（とまち）番所に詰めた。

さらに港内外には砲台がいくつも備え付けられ、船を監視するための「遠見番所」や「烽火所（のろし）（急報施設）」も多数設置されており、両藩はこうした施設にも兵をおいて船で湾内を巡回していた。また、遠見番所の警備などは長崎の近隣諸藩も分担させられた。

なお、町地は有力な在地町人の合議制によって運営がなされており、とくに外町については、住人の有力者が代官に就任して支配をおこなった。

貿易についても、長崎の町人団体である「長崎会所」に一任されていた。長崎奉行の監督下にあるとはいえ、貿易の利益はすべてこの会所に入った。長崎会所は、幕府に運上金（税）を納めなくてはならなかったが、それでも貿易の利益は大きく、その一部は住人へ配当金として等しく分配されたため、彼らは生活に困る心配がなかった。

◉清船はどのようにして入港・交易をしたか

長崎港に入る外国船は、長崎奉行所と長崎会所によって入国審査がおこなわれ、持ってきた品物が厳しく臨検された。そういった意味では、関所と同じ機能を果たしたといえる。

では、長崎湾に異国船が来港した場合、どのような手続きを経て入港や交易が許されるのか。山脇悌二郎著『長崎の唐人貿易』（吉川弘文館）を参考に、清船（唐船）を例にとって概略を解説していこう。

長崎から七里（約28キロ）離れた野母遠見番所は、常に海を監視しており、異国船が沖合に姿を現すと、すぐに長崎から一里半離れた小瀬戸遠見番所に連絡、そこから役人が長崎奉行所に出向き、事実を告げた。さらに、その船が長崎湾入り口の神崎沖に姿を現すと、波戸場役所からも役人が来て長崎奉行所に注進した。

いっぽう、清船は日本側の規定通り、長崎湾の沖合に投錨する。船が碇を降ろしたことを確認すると、遠見番の役人たちが指揮して数十艘の小舟を現場

円山応挙筆『長崎港之図』。港口に着いたオランダ船(左上)に、役人の乗った小舟が近づいている。これらが図の下部に描かれた出島まで、オランダ船を曳航することになっていた。(長崎歴史文化博物館蔵)

に向かわせ、清船に綱をかけて曳航し、湾内に引き入れるのである。

その後、長崎奉行所の役人や通詞(通訳)、長崎会所の関係者たちが清船に乗り込み、キリスト教の禁止の条目を記した看板を帆柱にかけ、中国人たちに読み聞かせた。そして、乗組員の人数や出航地をただし、信牌(貿易許可証)や積み荷帳、人名帳、風説書(国際情勢を記した文書)など必要書類を提出させた。さらに、キリスト教徒でないことを証明させるために、絵踏みをおこなわせたうえで下船を認めたのである。

中国人が提出した積み荷帳は、す

ぐに奉行所で翻訳が始まる。作業が終わると、積み荷を入札する商人たちを集め、翻訳した帳面を書写させた。

翌日には、清船からの荷揚げが始まる。品物は小舟で清船から運び出されるが、その舟には中国人一人が同乗した。陸揚げされた品物と積み荷帳とのおおよその照らし合わせがおこなわれ、その後、将軍への献上品など一部の例外を除いてすべての積み荷は蔵に収納された。

こうして船荷の陸揚げが完了すると、中国人たちは航行の安全のために船内に祀ってあった唐船菩薩（主に媽祖。航海・漁業を司る道教の女神）を安置するために唐寺へと運ぶ。唐寺とは、中国人の僧が住持をしていた興福寺・福済寺・崇福寺の三寺のことだ。このとき、町の有力者や中国人たちが行列を作ったといい、長崎の風物詩となっていた。

その後、船内の中国人たちを全員下船させ、彼らを唐人屋敷へ移動させた。

入港から三日目、長崎会所の担当者たちが中国人立ち会いのもと、徹底的に船荷の品目や数量を提出された帳面と付け合わせる。これが終わると、長崎奉行の許可を得たうえで、入札商人たちに船の積み荷を見せ、取引がおこなわれた。荷物の受け渡しは入札終了翌日である。

そして今度は、中国人たちが俵物（たわらもの）（フカヒレなど中華料理の材料を俵に詰めたもの）や銅を日本の商人から買い入れ、出航の前日に清船に積み込む。彼らは出航当日に唐人屋敷を去って、清船に乗り込んだ。

その前日、長崎奉行は清船の船長を奉行所に呼び出し、信牌など必要書類を与える旨を伝え、日本の国法を守り、信牌の期限に遅れることなく再来するよう申しつけ、船長が「お受け申した」と答えると、奉行所の役人から信牌など必要書類が交付された。

出航当日、中国人が全員乗り込むと、役人たちが人数を確認して下船。清船は碇を上げ、入港と同じく小舟に曳航されて港を後にするのだ。

◉太平の世が続き、変質した長崎両番所の役割

鎖国当初は、来航を禁じたポルトガル船やスペイン船の襲来を警戒していたが、四代将軍家綱（いえつな）の時代になると、そうした危機感は薄れ、異国船への警備体制は緩んでいった。

だが、そのいっぽうで、西泊（にしどまり）番所と戸町（とまち）番所は別の機能を果たすようになっていく。

日本史学者の丸山雍成（やすなり）氏は「泰平の時代になると、長崎警備の軍事機能に対する認識も後退・変質化し、長崎両御番所を異国船に対する防衛・監視施設という観点から一歩すすんで、幕府の一般関所のなかで最別格の対外的な関所と認識されるようになった」（「海の

関所と遠見番所」渡辺信夫編『近世日本の都市と交通』河出書房新社　所収」）と論じている。

さらに丸山氏は、天明八（一七八八）年の『御番方日記』に「長崎御番所之儀、公儀御関所之内ニ而、就中格別之場所ニ候」とあり、さらに「長崎湊出入之御国船は、御番所前ニ而筑前・此御方御当番共江、笠・頭巾・かふりものを取」らせていたことなどをあげ、長崎の西泊・戸町両番所（長崎御番所）は「異国船という対外的防衛よりはむしろ、『御国船』『御領内之船』といった対内的規範が中心となっており、それは平和時における関所規定と共通する内容（略）であって、長崎御番所の治安警察機能への推移を示唆している」と述べている。

このように長崎の西泊・戸町両番所は、国内外の船を臨検する関所となったのである。

列強の脅威に対応した長崎・浦賀と、新設された海の関所

◉太平の眠りを覚ましたフェートン号事件

前項で、長崎の両番所が国内外における海の関所として機能したと述べた。だが、文化五（一八〇八）年、そうした状況を打ち破る事件が発生する。

この年の八月、長崎湾に一隻のオランダ船が入港してきた。そこで、臨検のために奉行所の役人や、出島のオランダ人が小舟に分乗してオランダ船に向かったところ、オランダ船から短艇が何隻も下ろされた。

なんと、そこには武装した兵士が大勢乗っていたのである。驚いた役人たちはすぐに海に飛びこんで難を逃れたが、オランダ人たちは拉致されてしまった。

実はこの船、フェートン号というイギリスの軍艦であった。当時、イギリスとフランスは戦争状態（ナポレオン戦争）にあり、フランスの占領下にあったオランダの船を攻撃する目的で長崎にやって来たのである。

けれどオランダ船がいなかったため、オランダ人を人質にとり、日本の船を砲撃すると脅しつつ、長崎奉行所に食糧や水を要求したのだ。長崎の警備担当は佐賀藩だったが、太平の世に安心しきって、兵をほとんどおいていなかった。

長崎奉行の松平康英は佐賀藩に派兵を催促したが、なかなか到着せず、「言うことを聞かなければ長崎港内の船舶や長崎の町を焼き討ちにする」とフェートン号から脅迫を受けたため、やむなく要求を聞き入れた。結局、水や食料を得たフェートン号が退去すると、人的被害はなかったにもかかわらず、康英は国威を辱めたとして切腹している（フェートン号事件)。

◉異国船打払令がペリー来航の遠因に

このまさかの事態に、幕府に衝撃が走った。幕府は、警備体制を緩めていた佐賀藩主を処罰し、長崎周辺に砲台や遠見番所を多く設置、鎖国を始めた頃の状況に戻したが、これ以後、たびたび日本近海に外国船が現れ、日本に開港や通商を求めるようになった。

そこで幕府は、異国船打払令を出し、近づいてきた外国船を容赦なく打ち払えという無謀な法令を出したが、アヘン戦争で清国がイギリスに大敗すると、この法令を撤回した。だが、この法令のためにアメリカの商船モリソン号が砲撃を受けた(一八三七年)ため、アメリカ政府は、日本を開国させて航行の安全をはかるとともに、米清貿易や捕鯨船の寄港地として日本の港を開放させようと考えた。

その任務をおびて派遣されたのが、ペリーだったのだ。嘉永(かえい)六(一八五三)年、ペリーは四隻の艦隊で浦賀に来航する。浦賀にはビッドルをはじめ、何度か外国船がやって来ているが、ペリーほど強引な人物はいなかった。

四隻の軍艦は浦賀沖に一列に並んで錨(いかり)を下ろした。浦賀から出てきた多数の小舟が艦隊を取り巻いたが、ペリーは日本の役人を寄せつけず、大砲を市街地に向けて威嚇(いかく)し、米大統領から預った国書の受け取りを迫った。日本側は長崎への回航を要求したが、ペリーが武力をちらつかせたので、しかたなく日本側は久里浜でこれを受け取ることにした。武力ではとてもかなわないと判断したのである。

ペリーはさらに、日本に強く開港を迫った。そこで幕府は、翌年、再度来航したペリーと日米和親条約を結んで、下田と箱館（函館）の開港を認めたのである。同年、日本はイギリスやフランス、オランダとも同様の条約を結んだため、急遽、国際港が二つ増えることになってしまった。

◉ペリーの箱館行きで、臨時に設けられた関所とは

さて、和親条約を結んだペリーは、にわかに箱館を視察することにした。これを直前に知らされた箱館を支配する松前藩は仰天し、その対応に右往左往する。

家老の松前勘解由、用人の遠藤又左衛門、町奉

江戸湾の防備

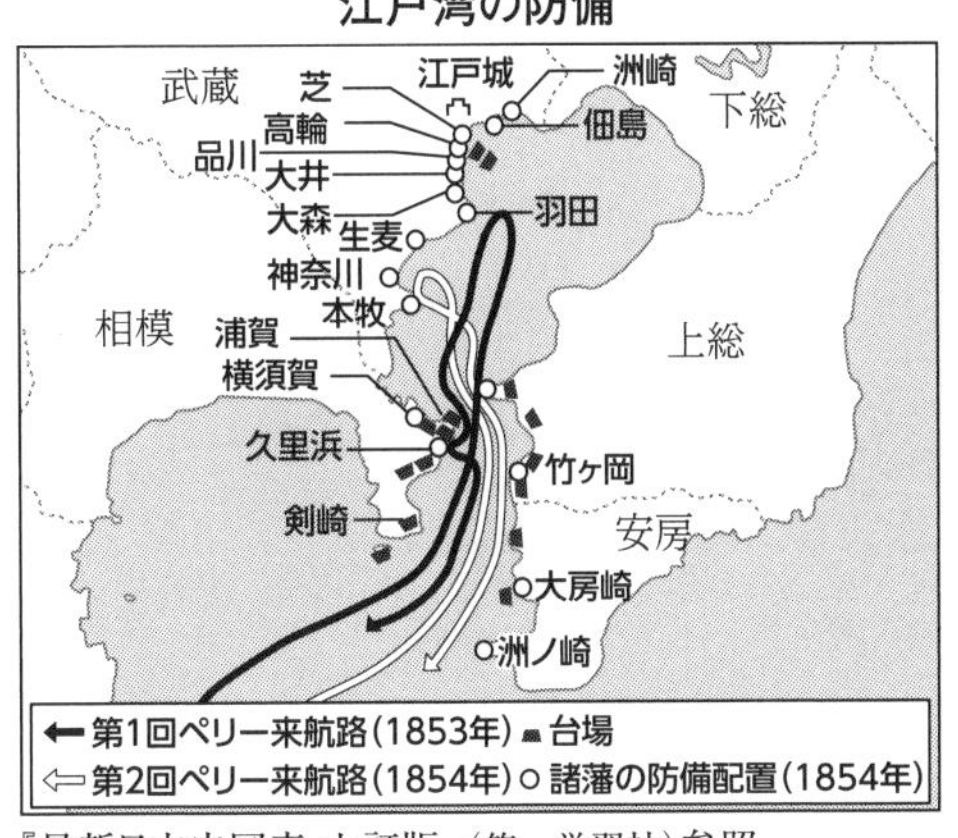

『最新日本史図表 六訂版』(第一学習社)参照

行の石塚官蔵、箱館奉行の工藤茂五郎らがペリーの応接役に任命され、最高責任者の松前勘解由は松前から箱館へ入った。

このとき勘解由は、箱館を視察した結果、あるアイデアを思いつく。ペリー艦隊が来航した際、彼らから箱館の町並みを見えないように隠し、なおかつ、彼らが勝手に上陸して町中に入り込まぬよう、高さ二メートル以上の板塀を海岸沿いに延々と張り巡らしてはどうか――。

かくして松前藩は、山背泊（やませどまり）から町端にあたる枡形（ますがた）に至るまでの、およそ三キロにわたって、箱館中の職人を総動員しつつ、突貫工事で板塀を立てていった。ところどころに木戸や通用門が造られたが、懸金（かけがね）によって内側から絶対に開かないよう、厳重な戸締まりがなされた。

これもある意味、臨時に造られた関所といって良いかもしれない。

しかし、アメリカの蒸気船は予想をはるかに上回る巨大さだったため、板塀は全く目隠しの役割を果たすことができなかった。また、ペリーとの交渉の結果、松前藩はアメリカ人の箱館上陸と市街での買い物を認めることにしたので、巨費を投じたこの工事は完全な無駄骨に終わったのである。

江戸幕府が1856〜63年にかけて、外国船襲来に備えて箱館湾沖に建設した弁天台場。だが、実際に使用されたのは箱館戦争で、旧幕府軍がここに立て籠もって奮戦した。

◉箱館、横浜、長崎に設けられた新たな〝関所〟

ペリーが箱館から去った一月半後の嘉永七（一八五四）年六月二六日、幕府は、箱館及び遊歩地域となる同地よりの五里四方を松前藩から没収し、幕府の直轄地とした。そして、同月三〇日に箱館奉行を設置、勘定吟味役の竹内清太郎を同役に任命し、翌月一九日、箱館一帯を箱館奉行の管轄地とした。

その箱館奉行は、海岸から東北に四キロ離れた地区に西洋式の大規模城郭（五稜郭）を造り、そこに奉行所をおいた。さらに海岸防備のため、箱館港の周辺七か所（矢不来・押付・山背泊・弁天岬・立待岬・築島・沖の口番所）に台場を構築させてほしいと江戸の幕閣に申請した。

老中の阿部正弘ら幕閣は、五稜郭の築城は認めたが、七か所の台場造成については、「確かに海防は急務であるが、七か所も同時に台場を新築する予算がないので、まずは弁天岬と築島から工事を開始するように」と二か所のみのゴーサインを出したにとどまった。
だが、ともかくも五稜郭と台場の築造は決定され、通詞（通訳）として箱館に着任した武田斐三郎（あやさぶろう）という幕臣が設計を担当することになった。

箱館湾の弁天台場は、江川太郎左衛門の築いた江戸湾品川沖の台場を参考にした。その形状は不等辺六角形で、総延長はおよそ七〇〇メートル・面積は約三八〇アールに及び、周囲には幅約一一メートルの土塁を盛り上げて石垣を組んだ。出入り口は一か所だけとし、そこから橋で陸地につながる構造とした。

こうして箱館は、外国の攻撃に耐えうる国際港という機能を持つ関所となったのである。

日米和親条約から四年後、列強諸国と修好通商条約が結ばれ、下田が閉鎖されて横浜が開港する。こうして開港した箱館、横浜、長崎には外国人居留地が設けられ、外国人の外出や旅行は、居留地の一〇里（約40キロ）四方を超えることを許さなかった。

また、異国船の通関手続きは横浜の場合、「神奈川運上所」がすべてをになった。船がやって来ると運上所から役人を派遣し、来港の目的、乗船人数、積み荷などをチェックし、関税を徴収したが、そのほか、運上所は外交事務や行政、刑罰などにも関与する行政組織でもあった。

幕末になると関所は形骸化していたと思われがちだが、このように、新しい関所が誕生してもいたのである。

坂本龍馬は、関門海峡に関所を設けて稼ごうとしていた！

◉構想の発端は、亀山社中の危機にあり

坂本龍馬は、長崎に結成した亀山社中（かめやましゃちゅう）の解散を決意したことがあった。日本で最初の商社といわれる亀山社中は、龍馬らにより慶応（けいおう）元（一八六五）年に結成された浪士結社・貿易結社だが、不運が続いて経済的に苦しくなったからだ。つまずきは、ワイルウェフ号の遭難だった。

この船は、亀山社中が薩摩藩の後援で、英国商人グラバーから六三〇〇両で購入したばかりの木造小型帆船であった。ちょうど鹿児島へ向かうユニオン号が、下関（しものせき）から長崎に立ち寄ったので、ワイルウェフ号を鹿児島に曳航（えいこう）させることにしたのだ。

ところが途中、暴風雨に巻き込まれてしまう。これ以上曳航すれば、両船とも沈没の危険があると判断したユニオン号は、綱を切り離す。仕方のない措置だった。

ユニオン号は蒸気船ゆえ、そのまま無事に鹿児島に到着できたが、ワイルウェフ号は帆船だったから荒波に翻弄(ほんろう)され、長崎県中通島の東、潮合崎(しおやざき)沖で沈没してしまった。慶応二年五月のことである。

翌六月、幕府の征討軍と長州藩の戦争が勃発する。そのため約束により、社中の主力船だったユニオン号を、長州藩に引き渡さざるを得なくなってしまう。もともとこの船は、長州藩の金で購入し、社中が借りていたものだった。かくして亀山社中は、商活動がほとんど困難な状況に陥り、営業を停止せざるを得なくなってしまう。

この頃、龍馬は、下関の豪商で支援者の伊藤助太夫(すけだゆう)にだけでも、八〇〇両もの借金をしていた。ただ、借金で社中五〇人を養うのも限界があった。

そのため、水夫(かこ)たちに暇を出したが、「皆泣く泣くに立ち出るも在り、いつ迄も死共に致さんと申す者も在り候。うち外に出候もの両三人ばかりなり。大方の人数ハ死ぬまで何の地迄も同行と申し出て候て、また困り入りながら国に連れ帰り申し候」と、同年七月二八日付の書簡で龍馬は、親友の長府(ちょうふ)藩士・三吉慎蔵(みよししんぞう)に窮状を訴えている。

結局辞めたのは三人ほどで、残りはみんな龍馬にどこまでも付いていくと言って聞かなかったので、仕方なく社中を継続することにした。

亀山社中の危機を知った幕府の官吏(かんり)は、これ幸いと、蒸気船の操練技術を持つ社員や水夫たちに大金をちらつかせて引き抜こうと働きかけたが、誰も龍馬から離反する者はなかった。

そこで龍馬は、この手紙のなかで慎蔵に「御藩（慎蔵の属する長府藩）海軍を開き候得バ、此の人数を移したれバと存じ候」と、長府藩が海軍を創設する際には、ぜひ亀山社中を雇用してもらえないかと、長府藩への身売りを提案してもいる。

実際、龍馬は亀山社中の切り売りを始めており、薩摩藩を仲介して伊予大洲(いよおおず)藩に、社員の菅野覚兵衛、渡辺剛八、橋本久太夫などを船員として貸し与えていた。いまでいう人材派遣事業であるが、システムとして考案したわけではなく、単にそうしなければ食えなかったのである。

◉関門海峡を通る船から徴税する、という奇策

亀山社中を存続するため、龍馬自身もまた、何とか収入源を確保しようと、必死に模索している。そして起死回生の策として、薩長合弁商社の設立を推進したのである。

一一月下旬、龍馬は、薩摩藩の勘定方(かんじょうかた)（財政担当）・五代才助(ごだいさいすけ)（友厚(ともあつ)）と長州藩の実力者・広沢兵助（真臣(さねおみ)）とはかり、薩長による合弁商社を下関（馬関(ばかん)）に設立する。

このとき締結された馬関商社議定書には、次のように記されている。

一、商社盟誓之儀者、御互の国名を顕さず、商家の名号相唱え申すべく候（商社は薩長の藩名を表に出さず、商家の名を使用する）。

一、商社中の印鑑は、互いに取り替え置き申すべき事（商社の印鑑は、薩長で交換して保管する）。

一、商社組合の上は互いに出入帳を以て、公明の算を顕し、損益を折半すべき事（商社が結成されたら、薩長互いの出納帳で金銭の流れを明確にし、損益は折半する）。

一、荷方船三、四隻相備、薩船の名号にして国旗相立て置き申し候（貨物船を三、四隻常備する。船は、薩摩藩船のかたちをとり、薩摩藩の旗を立てる）。

一、馬関通船の儀は、何品を論ぜず、上下共になるべく差し止め、たとえ不差通候て不叶船といえども、改め済まず趣を以て、なるべく引き上げ置候儀、同商社の緊要なる眼目に候事（下関を通過する船は、いかなる荷物を積んでいてもなるべく停止させ、臨検する。これが本社の重要な仕事である）。

一、馬関通船相開き候節は、日数二十五日前社中へ通信の事（薩摩籍の船が下関を通過する際は、二五日前までに本社に通告する）。

このように、下関の関門海峡を通過する船舶をいったん差し止め、すべての船をチェックするとともに、通行税を取ろうという計画だったらしい。そう、海の関所である。

これは、かなり斬新な構想といえる。

狭隘な関門海峡

周知のように、瀬戸内海は、当時の日本経済の大動脈である。天下の台所・大坂に集まる物品の過半は、このルートから流入した。下関の関門海峡を押さえるとはすなわち、この大動脈の一部を押さえることを意味し、日本経済にも当然影響を与えることになる。

なおかつ、一日に関門海峡を通過する船数は夥(おびただ)しい。たとえ微銭であっても、全船から通行税を徴収したなら、一年で巨万の富が懐(ふところ)に入るだろう。

龍馬は、翌年二月から下関の伊藤助太夫方に拠点を移した。助太夫の屋敷は、赤間神宮に隣接している。屋敷は現存せず、石碑を一つ残すのみだが、目の前には瀬戸内海が横たわる。一〇分も東へ歩けば壇ノ浦（だんのうら）があり、石を投ずれば対岸の門司港（もじこう）（九州）に届きそうなほど海の幅は狭隘（きょうあい）である。まるで河川といってもおかしくないほどだ。

おそらく龍馬は、このあたりに税関を設けて、海を塞（せ）き止めてしまおうと目論んだのだろう。

一説には、下関を国際港にして自由貿易を奨励するとともに、関門海峡を完全に封鎖して、西国の物資集散基地を大坂から下関へ移してしまおうと企図していたともいわれる。地形上、大坂への物資流入を完全に塞（せ）き止めるのは不可能だが、下関繁栄策によって大坂の繁栄にくさびを打つことは十分可能であり、幕府の経済的打撃は計り知れない。

まことに、恐ろしい怪物をはらんだ商社の誕生といえた。

●「贋金造り」も進言していた龍馬

しかしながら、この商社は、結局十分機能しないまま、自然に消滅した。噂を聞いた運送業者がパニック状態になったこともあるが、やはり大きいのは、それから数か月後、龍馬が土佐藩の後援を得ることに成功し、商社設立にこだわる必要がなくなったからだ。

おそらく、時間ができたら税関設営に取りかかろうと思っていたのだろうが、その余裕ができないまま、龍馬は命を絶たれてしまった。以後は戊辰戦争と、それに続く明治維新によって、関門海峡を封鎖する意味は消失した。

このように坂本龍馬という人は、ほかの志士とは違って、経済を重要視したことに大きな特徴がある。龍馬は、こんなことも言っている。

まず将軍職云々（大政奉還）の御論は兼ねても承り候。此余幕中の人情に行われずもの一ヶ条之在り候。江戸の銀座を京師（京都）に移し候事なり。此の一ヶ条さえ行われ候得バ、かえりて将軍職はそのままにても、名ありて実なければ恐るるに足らずと存じ奉り候。

（慶応三年一〇月、後藤象二郎宛書簡）

龍馬は「大政奉還ももちろん大事だが、それより江戸の銀座を京都に移して貨幣鋳造権を幕府から奪ってしまえば、将軍職がそのままであっても、幕府など恐れるにたりない」と、後藤象二郎に幕府の貨幣鋳造権を奪うことを進言しているのである。

また、薩摩藩へ出張する海援隊士の岡内俊太郎に、「君必ず新貨を得て帰れ。土（土佐藩）

もまた之に倣はざるべからず」（千頭清臣著『坂本龍馬』）と告げている。

新貨とは、偽造貨幣のことである。薩摩藩は、天保通宝などを大量に偽造して、莫大な利益を上げていた。龍馬は、これを真似て土佐でも贋金造りに精を出すべきだと主張し、岡内に贋金を持ち帰るよう命じたのである。

銀座に匹敵する量の莫大な贋金を生産して、これを巷に流通させたなら、いったいどういうことになるか。おそらく、貨幣鋳造の実権は、おのずと薩長土のほうへ移行していくだろう――。

龍馬はそう読んだのである。

◉その経済感覚は他の志士にも影響を与えた

さらに龍馬は、大政奉還が実現し、朝廷新政府の樹立を目前にひかえた慶応三（一八六七）年一一月、金札の発行を計画している。金札とは、いわゆる金と交換できる紙幣（兌換紙幣）のことである。

この相談にあずかったのが、越前藩の三岡八郎だった。龍馬は、わざわざこの計画のために、越前に蟄居していた三岡に会いに行っている。

ちなみに三岡は、維新後に名を由利公正と改め、政府の財政担当官として豪商から三〇〇万両を集め、金札を発行して政府の財政基盤を構築した。

さらに、その少し前の慶応三年八月、龍馬は長崎に駐留していた土佐の重役・佐々木高行に「もし倒幕の兵があがったら、長崎運上所（税関）に保管されている一〇万円（両？）を奪うべく、事前に制圧計画を立てておくことだ」と語り、「天下の事を知る時は会計ももっとも大事なり」（佐々木高行の日記『保古飛呂比』）と教示している。

実際、鳥羽・伏見の戦いが勃発したおり、佐々木は亡き龍馬のアドバイスに従って、ただちに長崎奉行所の金蔵を押さえている。

このように、金融・経済の重要性というものを熟知していたからこそ、龍馬は下関の関門海峡に「海の関所」を設置するという大胆な計画を立てたのだろう。

関所で読みとく日本史

2021年10月20日　初版印刷
2021年10月30日　初版発行

著者◉河合 敦

企画・編集◉株式会社夢の設計社
東京都新宿区山吹町261　〒162-0801
電話（03）3267-7851（編集）

発行者◉小野寺優

発行所◉株式会社河出書房新社
東京都渋谷区千駄ヶ谷2-32-2　〒151-0051
電話（03）3404-1201（営業）
https://www.kawade.co.jp/

DTP◉イールプランニング

印刷・製本◉中央精版印刷株式会社

Printed in Japan　ISBN978-4-309-50429-2

落丁本・乱丁本はお取り替えいたします。

本書のコピー、スキャン、デジタル化等の無断複製は著作権法上での例外を除き禁じられています。本書を代行業者等の第三者に依頼してスキャンやデジタル化することは、いかなる場合も著作権法違反となります。

なお、本書についてのお問い合わせは、夢の設計社までお願いいたします。

河出書房新社

「頭がいい人」と言われる文章の書き方

うまい、ヘタはここで差がつく

小泉十三

拙い文章だと知力全般が疑われる！

テーマ、組み立て、書き出し、表現のテクニック…達人のとっておきのワザを教授。

河出書房新社

疲れをとる40歳からの回復筋トレ

「体が重い毎日」から脱けだす新メソッド

有吉与志恵

低負荷の楽な
トレーニングが
驚くほど効く！

疲労感がなくなり
全身がリセットされる
生き返り教本!!

河出書房新社

10大民族で読み解く世界史の興亡

歴史の主役に躍り出た民族の素顔とは

宮崎正勝

運だけでなく、
実力で覇権を握ったのは
どの民族なのか？

「民族の対立」が
再燃しつつある今だからこそ
知っておきたい！

河出書房新社

地政学で読む近現代史

対立する米中の「覇権の急所」はどこか

内藤博文

「一帯一路」の要衝となる地を押さえたい中国、阻みたいアメリカ

新疆、台湾、尖閣、南沙…が緊張する地政学的理由とは?

河出書房新社

ヤマト政権と朝鮮半島
謎の古代外交史

武光 誠

大陸の影響からの
離脱をもくろんだ
聖徳太子の野望とは！

日本と半島の関係を
再検証する
古代史の最前線！

河出書房新社

心は病気

悩みを突き抜けて幸福を育てる法

アルボムッレ・スマナサーラ

スリランカ初期仏教長老が説く

自粛・我慢の世の中で
怒り、怯え、とまどう心
を強くする
ブッダの知恵！

河出書房新社

［カーボンニュートラル］
水素社会入門

［カーボンニュートラル］
水素社会入門
Nishimiya Nobuyuki
西宮伸幸
KAWADE夢新書

西宮伸幸

エネルギーの
生産、供給、貯蔵…
すべての常識は
水素で変わる！

「なぜ水素エネルギーが脱炭素化の切り札なのか」「日本政府が水素に注力し始めた理由」もわかる！